TRINITY

Zum Buch:

Ja sagen und Nein meinen – diese Zwickmühle lauert in allen Lebensbereichen: Angst vor Ablehnung, vor Verlust, vor Ärger, falsche Rücksichtnahme oder geringer Selbstwert. Immer mehr fühlen wir uns durch die ständigen Ansprüche, die Familie, Kollegen und Freunde an uns stellen, überfordert. Dieses Buch bietet umfassende Hilfe, um dieses Verhalten ein für allemal zu beenden. Doch statt bloße Konfrontation oder Durchsetzungskraft zu trainieren, um nicht länger Everybody's Darling zu sein, können wir auf sanftem Weg unser Ziel erreichen: harmonische Beziehungen mit Respekt, Anerkennung und persönlichem Freiraum. Die Autorin erläutert anschaulich und leicht verständlich die Grundlagen für eine »neue« Sicht der Welt: das Gesetz der Anziehung sowie die Macht der Gedanken und Gefühle. Denn eine Veränderung ist immer möglich – und verblüffend einfach! Für jeden!

Zur Autorin:

Ute Hanisch, geboren 1966, arbeitet seit 2000 als Seminarleiterin. Sie ist spezialisiert auf die Grundlagen unseres Daseins beziehungsweise die »Aufklärung« über die Auswirkungen des Gesetzes der Anziehung auf unser Leben. Sie leitet deutschlandweit erfolgreich die beliebten Seminare »Happy Day« – für ein Leben in Gesundheit, Freude, Freiheit und Fülle. Ute Hanisch ist die Autorin von *Erkenne, wer du wirklich bist* (2009) und *Mit ADS die Welt verändern* (2007).

Ute Hanisch

Ich sagte Ja und meinte Nein

*Aktuelle Seminare der Autorin
finden Sie unter*
www.belvitalis.de

FSC
Mix
Produktgruppe aus vorbildlich
bewirtschafteten Wäldern und
anderen kontrollierten Herkünften

Zert.-Nr. SGS-COC-1940
www.fsc.org
© 1996 Forest Stewardship Council

© 2010 Trinity Verlag in der
Scorpio Verlag GmbH & Co. KG, Berlin · München
Umschlaggestaltung: Hauptmann & Kompanie
Werbeagentur, Zürich
© Grafik auf S. 25: Pitopia, Alexander Limbach, 2010
Satz: BuchHaus Robert Gigler, München
Druck und Bindung: Pustet, Regensburg

ISBN 978-3-941837-06-5

www.trinity-verlag.com

Dieses Buch widme ich Sabrina und Fiona.
Ihr seid die Besten!

Inhalt

Hüte dich vor dem Entschluss,
zu dem du nicht lächeln kannst.
HEINRICH VON STEIN

1 Der Entschluss

Da war es wieder, dieses mulmige Gefühl. »Wieso habe ich mich wieder überreden lassen?«, dachte Susanne. Ärger und Enttäuschung machten sich in ihr breit. Wieder einmal hatte sie auf Bitten anderer Rücksicht genommen. Wieder einmal hatte sie ihre eigenen Pläne durchkreuzt und andere über ihre freie Zeit bestimmen lassen. »Nun gut«, redete sie sich zu. »Für zwei Stunden bei der Veranstaltung aushelfen ist ja nicht so schlimm.« Aber an ihrem Gefühl änderte dieser Gedanke nichts. Aus Erfahrung wusste sie, dass es nicht bei den zwei Stunden bleiben würde. Sie erinnerte sich an vergangene ähnliche Situationen. Stets traten unerwartete Umstände oder Engpässe auf, die das von ihr zugesagte Zeitlimit überschritten. So waren dann plötzlich andere Helfer kurzfristig ausgefallen oder ihr wurden zusätzliche Arbeiten aufgetragen. Und in solchen Notfällen hatte sie nie den Mut, nein zu sagen. »Wird mir dies jemals gelingen?« fragte sie sich. »Kann ich je aus dieser Endlosschleife ausbrechen?« Ein Rückblick zeigte ihr: Irgendwie hatte sie wohl schon immer dieses »Helfer-Syndrom«. Im Freundeskreis wurde sie seit jeher um Hilfe gefragt; bei ihren Eltern war es sogar eine Pflicht, stets Hilfe anzubieten, und im Kreis ihrer eigenen Familie war ebenfalls immer sie der rettende Anker.

Sie fühlte sich elend. Sie wünschte, dass endlich Schluss sei mit diesen aufgezwungenen Verpflichtungen. Sie wollte nicht mehr für die Lösung der Probleme anderer verantwortlich sein. Sie wollte nicht mehr Vermittler sein bei Streitigkeiten, sich nicht mehr mit Behörden auseinandersetzen, nicht mehr das Leben anderer ordnen und organisieren. Sie hatte endgültig genug davon. Früher hatte ihr der Gedanke gefallen, dass sie gebraucht würde oder dass ihre Meinung wichtig sei. Doch heute merkte sie, dass ihr die vielen Verpflichtungen zur Last geworden waren. Ein Blick in ihren Terminkalender zeigte ihr schonungslos jedes Detail. Neben ihrem Halbtagsjob am Vormittag fanden sich für jeden Nachmittag der Woche die vielfältigsten Einträge: Termine beim Kinderarzt, Vereinsarbeit, Hilfe beim Umzug, Kinder zu diversen Veranstaltungen fahren, Geschenke besorgen, Basar organisieren, Sitzung Elternbeirat, Geschäftsessen Ehemann. Vergeblich suchte sie nach einem Eintrag, der ganz allein ihren ganz persönlichen Interessen diente.

Sie würde so gern wieder etwas Sport treiben oder einen Fortbildungskurs besuchen. Und sie würde so gern einmal einfach gar nichts tun. Nur sie selbst sein – sonst nichts. Sie versank in dieser Vorstellung und spürte, wie sich ein wohliges Gefühl in ihr ausbreitete. Sie fühlte sich frei und erleichtert. Ja, das war es, was sie wollte.

In ihrem Kopf traf sie glasklar eine Entscheidung: »Jetzt ist endgültig Schluss. Ich will mich nicht mehr ständig um *andere kümmern müssen. Nein. Jetzt bin ICH dran. Ab sofort bestimme ich selbst, was ich tun möchte. Ich nehme jetzt mein Leben selbst in die Hand. Ich bin nicht mehr für andere verantwortlich. Ich will nicht mehr von der Anerkennung anderer abhängig sein. Ich will endlich frei sein. Ich will endlich ICH sein!«*

Kommt Ihnen an dieser Geschichte etwas bekannt vor? Ergeht es Ihnen ähnlich? Haben Sie auch den Entschluss gefasst, in Ihrem Leben etwas zu verändern? Wissen Sie jedoch nicht genau, wie Sie diesen Entschluss umsetzen können?

Dieses Buch soll Ihnen Hilfe, Rat, Trost und Unterstützung sein. Entdecken Sie die Welt aus einer anderen Sicht. Lernen Sie die Grundlagen des Lebens kennen. Lassen Sie sich begeistern von der Fülle der Möglichkeiten für die Gestaltung Ihres »neuen« Lebens. Erreichen Sie Ihr Ziel: absolute Freiheit und Selbstbestimmung – und zwar mit einer unglaublichen Leichtigkeit. Denn: Es ist alles ganz einfach!

Spiele das Leben – lebe das Spiel.
JOHANN GOTTFRIED VON HERDER

2 Das Spiel des Lebens – die Regeln verstehen

Haben Sie schon einmal ein Gesellschaftsspiel gespielt, ohne die Regeln zu kennen? Sicherlich nicht, denn Ihre Chancen zu gewinnen wären relativ gering. Verlierer zu sein macht keinen Spaß. Können Sie sich vorstellen, dass es für das Spiel namens »Leben« auch gewisse Regeln beziehungsweise Grundlagen gibt? Würden Sie gern diese Regeln kennenlernen? Würden Sie gern auf der Gewinnerseite des Lebens stehen? Lernen Sie nun nachfolgend die Spielregeln des Lebens kennen:

Spielregel Nr. 1
Alles ist Energie – und diese besteht aus einer riesigen Anzahl verschiedener Frequenzen (Wellenlängen).

Spielregel Nr. 2
Energie folgt der Aufmerksamkeit.

Spielregel Nr. 3
Energie kann nicht vernichtet oder neu geschaffen werden.

Kein Spiel ohne Schiedsrichter
Der »Manager« der Frequenzen ist das Gesetz der Resonanz (Anziehung).

In den weiteren Kapiteln werden Ihnen diese Regeln anhand vielfältiger, alltäglicher Beispiele nochmals detailliert erläutert. Diese Regeln gelten für alles und jeden in diesem Universum. Sie gelten also für alle, denen die Regeln bekannt sind und ebenso für alle, denen die Regeln nicht bekannt sind. Sie gelten für jene, die sie akzeptieren, und auch für jene, die sie ablehnen. Es gibt keine Ausnahme.

Bisher gab es in der Schule noch kein Unterrichtsfach namens »Die Grundlagen des Lebens«, sodass einer Vielzahl der Menschen die Regeln unbekannt sind. Daher glauben sie an Schicksal und Zufall, fühlen sich benachteiligt, herumgeschubst, vom Pech verfolgt, machtlos, ausgeliefert oder wertlos. Viele schieben die Schuld hierfür auf äußere Einflüsse wie ungesunde Erd- und Magnetstrahlen, schlechtes Karma, Ballast aus einem früheren Leben, ungünstigen Stand der Sterne, eine schlechte Kindheit, auf den Partner, die Eltern, die Kinder, die Wirtschaft oder die Politik. Eine Negativspirale ohne Ende? Es gibt einen Ausweg: Lernen Sie die Regeln kennen und wenden Sie diese an! Machen Sie die Regeln zu Ihrem besten Freund. Die Grundlagen des Lebens sind Ihr größter und treuester Verbündeter, mit deren Hilfe Sie alle Ihre Wünsche und Ziele erreichen können – und das mit verblüffender Leichtigkeit! Sie werden sehen: Nichts ist so, wie es scheint. Alles ist möglich. Alles ist veränderbar. Und das Beste daran ist: Sie haben alles selbst in der Hand! Werden Sie zum »Macher«, ohne etwas zu machen. Erleben Sie, wie sich »das Machen« von ganz allein erledigt, während Sie sich um die schönen Dinge des Lebens kümmern. Erleben Sie, wie Ihr Leben an Freude gewinnt und sich Negatives buchstäblich in Luft auflöst. Wenn Sie jetzt denken: »Ja, so soll mein Leben sein«, dann kann ich nur sagen: »Herzlichen Glückwunsch! Den wichtigsten und größten Schritt zu einem Neubeginn sind Sie hiermit soeben gegangen.« Sie haben nun Ihr erstes Ziel festgelegt, und ich zeige Ihnen nachfolgend die kürzeste Route dorthin – inklusive aller Abkürzungen.

Willkommen zu den Grundlagen des Lebens!

Spielregel Nr. 1

Alles ist Energie – und diese besteht aus einer riesigen Anzahl verschiedener Frequenzen (Wellenlängen).

Die Wissenschaft ist sich heute mittlerweile einig, dass die Basis von ALLEM reine Energie ist. Das heißt im Klartext: Wenn man einen beliebigen Gegenstand mit einem riesigen Mikroskop bis ins kleinste, letzte Detail betrachten würde, könnte man kein festes Teilchen mehr erkennen, sondern lediglich Energieschwingung. Die aktuellen Forschungen in der Quantenphysik bestätigen dies mit beeindruckender Deutlichkeit. Die Grundlage aller Existenz in diesem Universum ist pure Energie.

Materie (feste Gegenstände) ist lediglich »verdichtete« Energie. Nun fragen Sie sich sicherlich: »Wer oder was bestimmt, welche Form die Energie annimmt?« Es ist die jeweilige Frequenz, welche die äußere Form von etwas bestimmt. So könnte man (stark vereinfacht) sagen: Es gibt zum Beispiel eine Holzfrequenz oder eine Glas-Frequenz. Im Spektrum des Lichts sind Ihnen sicherlich zwei Wellenlängen bekannt: Infrarot und Ultraviolett. Frequenzen begegnen Ihnen in Ihrem Leben viel öfter, als Ihnen bewusst ist: Handy-Frequenzen, Funktelefon-Frequenzen, Radio, Fernsehen, Mikrowelle, Töne, Gerüche und so weiter. All unsere Sinne sind letztendlich Werkzeuge, um Frequenzen zu entschlüsseln. Unser Ohr wandelt Schallwellen in hörbare Töne. Unser Sehzentrum bringt aus Lichtwellen Bilder hervor. Alles, was wir wahrnehmen, sind Frequenzen, die in eine für unseren Körper erlebbare Form übertragen worden sind.

Nun sollten Sie auch wissen, dass nicht nur Gegenstände aus Energie bestehen. Auch Ihre Worte, Gedanken und Gefühle sind pure Energie. Sie enthalten ebenfalls eine breite Palette von Frequenzen. Diese könnte man zum Beispiel betiteln als Ärger-Frequenz, Freude-Frequenz, Wut, Enttäuschung, Hoffnung, Liebe und so weiter.

Vielleicht war Ihnen bisher nicht klar, welch immensen Einfluss Ihre Gedanken und Gefühle auf die Geschehnisse in Ihrem Leben haben. Hierzu können Sie ein kleines Experiment durchführen. Nehmen Sie zwei saubere, verschließbare Gläser und füllen Sie jedes von beiden halb voll mit gekochtem Reis. Nun beschriften Sie ein Glas mit dem Wort Liebe und das andere Glas mit dem Wort Hass. Lassen Sie beide Gläser verschlossen einige Tage stehen. Dieser Versuch wurde schon unzählige Male durchgeführt, und das

Ergebnis war stets das gleiche: Der Reis aus dem »Liebe«-Glas zeigte keine Veränderung, während der Reis aus dem »Hass«-Glas sich dunkel verfärbte und verdarb.

Was heißt das nun für Ihr Leben? Jeder Gedanke, den Sie denken, und jedes Wort, das Sie sprechen, hat eine bestimmte Frequenz. Diese Frequenz hat nun Einfluss auf Sie selbst, auf Ihren Körper, auf Ihr Befinden. Der Spruch »Wahre Schönheit kommt von innen« beschreibt diese Zusammenhänge am besten. Wenn Sie sich gut fühlen und freundliche Gedanken hegen, dann haben Sie auch ein entsprechend angenehmes äußeres Erscheinungsbild. Wenn Sie jedoch hingegen in schlechter Stimmung sind, dann kann man das ebenso an Ihrem Gesicht oder Ihrer Körperhaltung erkennen.

Es ist der Geist, der sich den Körper baut!
FRIEDRICH VON SCHILLER

Da ALLES Energie ist, sind auch Sie in erster Linie ein Energiefeld und bestehen aus einer unzähligen Palette von Frequenzen. Mit der Ausrichtung Ihrer Gedanken bestimmen Sie, welche Frequenz bei Ihnen gerade vorherrschend (dominant) ist. Diese Frequenz beeinflusst nun das Erscheinungsbild Ihres Körpers, so dass quasi Ihr Denken eine auch äußerlich für jedermann sichtbare Gestalt annimmt.

Durchforsten Sie jetzt gedanklich kurz einmal Ihren Bekanntenkreis. Gibt es dort Menschen, die ständig griesgrämig aussehen? Sicherlich werden Sie von diesen Personen stets nur negative Äußerungen zu hören bekommen. Und wie steht es mit freundlichen Mitmenschen, jene, die in allem etwas Positives sehen können und die Freude und gute Laune verbreiten? Haben diese nicht auch eine entsprechend positive äußere Erscheinung? Mit welchen dieser Menschen sind Sie lieber zusammen?

Möchten Sie ab sofort auch zu der »Positiv«-Sorte gehören? Dazu benötigen Sie lediglich eine kleine Veränderung in Ihrem Denken.

> *Die Kraft der Gedanken ist unsichtbar wie*
> *der Same, aus dem ein riesiger Baum erwächst;*
> *sie ist aber der Ursprung für die sichtbaren*
> *Veränderungen im Leben des Menschen.*
> LEO TOLSTOI

Die Art Ihrer Gedanken ist von grundlegender Bedeutung. Denken Sie vorrangig Positives oder eher Negatives? Sind Sie schnell mit Kritik bei der Hand oder können Sie in allem etwas Bemerkenswertes erkennen? Oftmals sind wir uns unserer Gedanken gar nicht richtig bewusst. Die nächste Spielregel zeigt Ihnen, warum Sie Ihrem Denken und Ihren Gewohnheiten ein wenig mehr Beachtung schenken sollten.

Spielregel Nr. 2

Energie folgt der Aufmerksamkeit.

Der Satz »Energie folgt der Aufmerksamkeit« lässt sich sehr anschaulich mit folgendem Beispiel erläutern:

Susanne wurde unsanft von ihrem Wecker aus ihren tiefsten Träumen gerissen. Es war halb sieben. Sie schlug die Augen auf, und als Erstes fiel ihr Blick auf den Wäschekorb voll mit ungebügelter Wäsche. »Oh je«, seufzte sie, »bügeln muss ich heute ja auch noch.« Und dann erinnerte sie sich an die ganz Liste von Dingen, die sie heute unbedingt erledigen musste. Die Vielzahl der Aufgaben schien wie eine riesige Last auf ihr zu liegen.

Sie fühlte ein flaues Gefühl im Magen. »Nur noch fünf Minuten Ruhe«, sagte sie zu sich selbst. Irgendwie musste sie dann noch mal eingeschlafen sein, denn als sie die Augen wieder aufschlug, zeigte ihr Wecker zehn Minuten nach sieben an. »Verflixt!«, grummelte sie wütend. Jetzt hatte sie auch noch verschlafen. Mit einem Satz sprang sie aus dem Bett, doch sie hatte zu viel Schwung genommen, und so stieß ihr rechtes Knie hart an die Ecke der Kommode. »Autsch!«, rief sie. Mit schmerzverzerrtem Gesicht humpelte sie ins Badezimmer. Doch auch hier nahm die Kette negativer Erlebnisse ihren Lauf: Die Akkuzahnbürste war nicht aufgeladen und der Sprühkopf des Haarsprays versagte seinen Dienst ... So setzten sich die ärgerlichen Dinge und Situationen während des ganzen Tages fort: Die Lieblingsmarmelade der Kinder war aufgegessen, sodass ein dementsprechendes Ge-

heul angestimmt wurde; eine Tasse Kakao wurde umgesto-
ßen und ergoss sich auf der frisch gewaschenen Hose; die
Kinder verpassten den Schulbus und mussten mit dem Auto
gefahren werden; der Tank war leer; Susanne kam zu spät
zur Arbeit, sie konnte sich nicht richtig konzentrieren, mach-
te Fehler und bekam einen ärgerlichen Verweis vom Chef …

Solch eine Geschichte haben Sie in ähnlicher Art wahrscheinlich auch schon einmal erlebt. Es scheint wie verhext.
Alle haben sich anscheinend gegen Sie verschworen. Doch
was hier für die meisten auf den ersten Blick wie eine Pech-
strähne aussieht, ist lediglich ein physikalisches Gesetz: Die
Energie folgt der Aufmerksamkeit.

Betrachten Sie die Geschichte etwas genauer: Als Susanne aufwachte, war ihre Aufmerksamkeit als Erstes gleich
bei der Last der Aufgaben, die es zu bewältigen galt. Daraufhin fühlte sie sich schlecht. Negative Gefühle haben wir
aber immer nur dann, wenn unsere Aufmerksamkeit auf
negative Dinge gerichtet ist.

Probieren Sie es einfach selbst einmal aus: Denken Sie
jetzt an eine unangenehme, belastende Tätigkeit oder Situation. Wie fühlt sich das an? Und nun denken Sie an etwas
Angenehmes. Bemerken Sie den gravierenden Unterschied in
Ihren Gefühlen? Sie haben gerade selbst erlebt, welch immensen Einfluss Ihre Gedanken auf Ihr Erleben haben.

Diese kleine Übung hat Ihnen etwas sehr Wichtiges zeigen können: Es sind Ihre Gedanken, die Ihrer Aufmerksamkeit eine Richtung geben. Und diese Richtung der Gedanken wird Ihnen dann mittels Ihrer Gefühle deutlich gemacht. Das heißt: Wenn Sie an etwas Negatives denken,

entstehen in Ihnen negative Gefühle. Wenn Sie an etwas Positives denken, entwickeln sich auch entsprechend positive Gefühle in Ihnen.

Wie vorab schon erwähnt, sind auch Gedanken pure Energie. Egal, über welche Person oder welche Situation Sie gerade nachdenken, egal ob es um Vergangenes, Gegenwärtiges oder Zukünftiges geht – Ihre derzeitigen Gedanken haben eine Frequenz, die dann in Ihrem Leben durch Ereignisse sichtbar und erlebbar wird.

Ein gutes Beispiel hierfür kennen viele Frauen: Schwangerschaft. Eine schwangere Frau hat oftmals den Eindruck, dass sämtliche Frauen um sie herum ebenfalls schwanger sind. Wie kann das sein? Durch ihre eigene Schwangerschaft ist ihre vorrangige Aufmerksamkeit genau bei diesem Thema. Die meisten ihrer Gedanken kreisen nun um alles, was hiermit etwas zu tun hat. Sie ist sozusagen auf eine Art »Schwangerschafts-und-Baby-Frequenz« eingestellt. Dort liegt ihr gedanklicher Fokus. Und so muss alles zu dieser Frequenz Passende in den sichtbaren und erlebbaren Fokus ihres Lebens treten.

Männer kennen dieses Phänomen natürlich ebenfalls. Da hat man sich ein neues Automodell in einer besonderen Ausstattung und ausgefallenen Farbe ausgesucht – und plötzlich taucht genau dieses Auto überall auf. Die ganze Welt scheint dieses Auto zu fahren.

Ein weiteres Beispiel: Sie stoßen beim Aufräumen auf ein Foto einer früheren Freundin, von der Sie allerdings schon lange nichts mehr gehört haben. Sie fragen sich dann vielleicht, wie es ihr jetzt wohl geht, was sie so macht und wo sie jetzt wohnt. Und dann erhalten Sie kurze Zeit später einen Anruf von ihr, oder eine Postkarte oder eine E-Mail.

So kann man also vereinfacht sagen: All das, womit Sie sich gedanklich vorrangig beschäftigen, wird in Ihrem Leben sichtbar. Oder noch einfacher ausgedrückt: Hegen Sie Gedanken über negative Dinge, wird Negatives in Ihrem Leben erscheinen. Denken Sie jedoch an positive Dinge, dann werden sich positive Ereignisse in Ihrem Leben sammeln.

Das, was jemand von sich aus denkt,
bestimmt sein Schicksal.
MARK TWAIN

Betrachten wir nun einmal genauer den Umgang zweier Personen miteinander aus dieser »Energie-Sicht«. Kurz zur Erinnerung: Die Basis unseres Daseins und somit auch unseres Körpers ist pure Energie. Diese Energie besteht aus einer unzähligen Menge von Frequenzen. Wichtig für unsere Betrachtung ist jetzt lediglich die Palette der Gefühls-Frequenzen. Hier nur ein paar als Beispiel: Ärger, Wut, Enttäuschung, Frustration, Langeweile, Freude, Liebe, Anerkennung, Dankbarkeit, Respekt, Begeisterung und so weiter.

Jede Person hat die ganze Palette aller möglichen Gefühlsfrequenzen in sich zur Verfügung. Jeder hat also das gleiche Potenzial an Möglichkeiten zur Auswahl. Es kommt nun darauf an, was jeder einzelne daraus macht. Oder anders ausgedrückt: Ihr Leben gestaltet sich ausschließlich nach der Richtung Ihrer Aufmerksamkeit.

Halten Sie jetzt noch einmal kurz inne und fragen Sie

sich selbst: Mit welcher Art von Gedanken befasse ich mich vorrangig? Welche Gefühle empfinde ich am häufigsten?

Nun stellen Sie sich vor, Sie hören einen bestimmten Sender im Radio. Die Musik, die dort gespielt wird, gefällt Ihnen jedoch gerade nicht. Was ist zu tun? Sie wählen einen anderen Sender – eine andere Frequenz. Sie müssen nicht das Radio zerstören, Sie müssen lediglich umschalten. Sie wissen, es wäre sinnlos, das Radio zu beschimpfen oder zu beschuldigen, wenn doch die Ursache lediglich in der Frequenz liegt, die Sie jederzeit ganz einfach neu einstellen können.

Unser Leben funktioniert ebenso. Bleiben wir bei dem Beispiel von Susannes Tagesablauf. Schon am frühen Morgen ist sie ärgerlich. Somit ist Ärger ihre vorherrschende (dominante) Frequenz. Daher wird sie um sich herum nur das wahrnehmen können, was dieser Frequenz entspricht: Ärger.

Sie haben sicherlich noch nie versucht, ein Radio auf 92,2 MHz einzustellen, um dann die Musik von 98,8 MHz zu hören. Sie wissen, dass Sie immer nur das hören können, was Sie als Radio-Frequenz eingestellt haben. Sie treffen also Ihre Sender-Wahl und hören das entsprechende Programm. Doch alle anderen Sender-Frequenzen sind auch weiterhin vorhanden. Sie sind nicht vom Erdboden verschwunden – sie sind lediglich für Sie nicht hörbar, da sie nicht Ihrer derzeit ausgewählten Frequenz entsprechen. Alle Frequenzen sind immer verfügbar, doch Sie können immer nur Ihre derzeitige Auswahl hören!

Ebenso verhält es sich mit Ihrem Leben. Während Sie innerlich auf die »Ärger-Frequenz« eingestellt sind, können Sie nicht erwarten, Freudiges zu erleben. Das würde den

Gesetzen der Physik widersprechen. Energie folgt der Aufmerksamkeit – doch SIE bestimmen selbst, wohin Sie Ihre Aufmerksamkeit richten. Genau wie beim Radio stehen Ihnen ALLE Frequenzen zur Auswahl zur Verfügung. Mit Ihrer gedanklichen Ausrichtung bestimmen Sie selbst, welches »Programm« in Ihrem Leben sichtbar, hörbar, erlebbar ist. Die anderen Erlebnis-Möglichkeiten sind weiterhin vorhanden, jedoch für Sie derzeit »unsichtbar«, da sie nicht Ihrer ausgewählten Frequenz entsprechen.

Versuchen Sie, die unendliche Freiheit in dieser Erkenntnis zu entdecken: Sie selbst bestimmen, was Sie erleben. Es liegt lediglich an Ihrer derzeitigen Frequenz. Ihr (Er-)Leben hängt nur von der Ausrichtung Ihrer Gedanken ab.

Du bist heute das, was Du gestern gedacht hast.
MARTIN LUTHER

Die nachfolgenden Skizzen sollen Ihnen bildlich verdeutlichen:

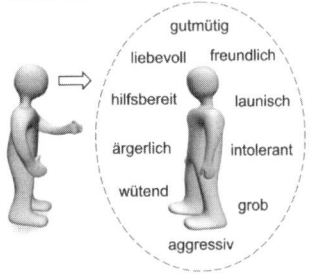

Jede Person hat die ganze Palette aller möglichen Gefühlsfrequenzen in sich zur Verfügung.

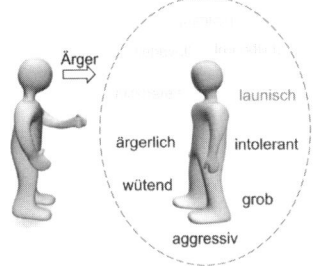

Sie nehmen an anderen Personen immer nur das wahr, was bei Ihnen selbst derzeit als Frequenz aktiv ist.

Steht Ihnen also eine ärgerliche Person gegenüber, dann bedeutet dies lediglich, dass Ihre derzeitige Wahrnehmung dieser Person gegenüber auf »Ärgerfrequenz« eingestellt ist. Die anderen Frequenzen Ihres Gegenübers sind für Sie unsichtbar. Erst dann, wenn Sie selbst Ihren Gedanken eine andere Richtung geben und sich somit Ihre Frequenz ändert, können Sie auch in Ihrem Gegenüber die entsprechend passende Eigenschaft sehen und erleben.

Alles um Sie herum zeigt Ihnen lediglich, welche Einstellung Sie selbst gerade innerlich haben. So ist die Welt nichts anderes als ein riesiger Spiegel, der Ihnen stets zeigt, ob Ihre Aufmerksamkeit zur Zeit bei positiven oder bei negativen Dingen liegt. Alles um Sie herum gibt Ihnen lediglich Rückmeldung über den derzeitigen Stand Ihrer dominanten Frequenz. Nicht mehr und nicht weniger. Ihr Leben beziehungsweise Ihre Realität ist also nur das Ergebnis Ihrer vorherigen Gedanken. Und da Sie in jeder Sekunde Ihres Lebens Ihre Gedanken grundlegend ändern können, ist Ihr (Er-)Leben ebenso variabel und formbar. In weiteren Kapiteln dieses Buches erhalten Sie noch viele konkrete Beispiele und Hilfestellungen, wie Sie Ihr Leben nach Ihren ganz speziellen Wünschen gestalten und formen können.

Spielregel Nr. 3

Energie kann nicht vernichtet oder neu geschaffen werden.

Ein weiterer wichtiger, wissenswerter Faktor ist: Energie ist immer im Fluss, immer in Bewegung. Es gibt keinen Stillstand. Energie ist ständig in Veränderung, in Umwandlung, in Neugestaltung. Dies zeigt sich überall in unserem täglichen Leben. Ist Ihnen auch schon einmal aufgefallen, wie schnell sich heutzutage alles verändert? Ständig werden neue, bessere, schnellere Möglichkeiten entdeckt und entwickelt. Wenn Sie heute einen PC kaufen, dann ist dieser in drei Monaten schon fast veraltet. Es scheint Ihnen vielleicht so, dass ständig Neues »produziert« wird. Doch es handelt sich lediglich um eine Veränderung der äußeren Form.

Als anschauliches Beispiel kann das Wasser dienen. Sie kennen es in diversen Formen: festes Eis, flüssiges Wasser, gasförmiger Dampf. Doch egal, welchen Zustand das Wasser annimmt, es behält trotzdem seine Bestandteile. Je nach Einfluss der einwirkenden Frequenz (hier: Temperatur) ändert es seine äußere Form.

Speziell für Ihr Leben bedeutet dies: Die Basis Ihres Daseins ist pure Energie. Sie sind eine Art wandelndes Energiefeld. Sie haben Ihr eigenes, ganz persönliches Maß an Energie zur freien Verfügung. Nun kommt es lediglich darauf an, welche Form Sie dieser Energie geben.

Was würdest Du tun, wenn Du wüsstest,
dass Du nicht scheitern kannst?
Dr. Robert Schuller

Ich möchte Ihnen dies gern mit folgendem Beispiel verdeutlichen: Stellen Sie sich vor, Sie hätten einen schier unendlich großen Klumpen frischen Töpferton zur Verfügung. Diese riesige Menge Material steht Ihnen zur freien Verfügung. Sie können damit machen, was Sie wollen. Sie können daraus Formen jeglicher Art und Größe erstellen. Es liegt nur an Ihnen, was Sie daraus machen. Bei dieser Töpfertätigkeit gibt es kein Richtig oder Falsch. Sie können all Ihren Ideen, all Ihrer Kreativität freien Lauf lassen. Und wenn Ihnen ein fertiges Teil dann doch nicht gefällt, modellieren Sie einfach etwas Neues daraus. Wichtige Voraussetzung beim Töpfern ist, dass Sie eine Idee, eine Vision vom fertigen Endprodukt haben. Wenn Sie davon jedoch keine klare Vorstellung haben, werden Sie mit dem Ton in Ihren Händen lediglich halbherzig herummatschen.

Sie sehen: Sie haben alle Ressourcen für Ihre individuelle Lebensgestaltung zur freien Verfügung. Diese pure Energie wartet quasi nur darauf, dass Sie ihr eine Form geben. Diese Form entsteht aus Ihren Gedanken, Ideen, Vorstellungen, Wünschen, Träumen, Zielen beziehungsweise deren entsprechenden Frequenzen. Somit ist es unwichtig, welche Form Ihr Leben jetzt gerade hat. Es ist alles jederzeit veränderbar. Ich werde Ihnen zeigen, wie Sie Ihre Frequenzen zielgerichtet steuern können, um die für Sie gewünschten Resultate zu erreichen.

Kein Spiel ohne Schiedsrichter

Der »Manager« der Frequenzen ist das Gesetz der Anziehung.

Nun möchte ich Ihnen den wichtigsten Mitspieler in Ihrem Leben vorstellen: Das physikalische Gesetz der Resonanz (Anziehung). Vielleicht ist Ihnen dieses noch aus Ihrer Schulzeit bekannt. Es wird gern am Beispiel von Stimmgabeln dargestellt. Die Durchführung des Versuches gestaltet sich wie folgt: Sie halten in jeder Hand eine Stimmgabel. Beide sind auf den gleichen Ton geeicht. Wenn Sie nun eine der Stimmgabeln anschlagen, wird die andere ebenfalls mitschwingen. Beide haben nämlich die gleiche Frequenz und gehen daher miteinander in Resonanz, in Gleichklang. Sie befinden sich auf der gleichen Wellenlänge. Sie kennen sicherlich die folgenden Sprüche:

› Gleich und Gleich gesellt sich gern.
› Wie man in den Wald hineinruft, so schallt es heraus.
› Was du säst, wirst du ernten.

Diese Sprüche aus dem Volksmund drücken kurz und präzise die Funktionsweise des Gesetzes der Resonanz aus: Was ich aussende, kommt zu mir zurück. Oder mit anderer Betonung: Was ICH aussende, kommt zu MIR zurück. Das bedeutet, dass ich allein der »Verursacher« all dessen bin, was mir im Leben widerfährt.

Bitte beachten Sie auch die zeitliche Reihenfolge: Zuerst senden Sie eine Frequenz aus und dann folgt darauf die Antwort. Ihre Aussendung ist stets das erste Ereignis (oder

der Auslöser) für die Antwort, die das Gesetz der Anziehung daraufhin liefert.

Dieses Gesetz der Resonanz ist ebenso gültig wie das Gesetz der Erdanziehung. Es wirkt immer, überall und für jeden. Es gibt keine Ausnahme. Man kann es nicht ausschalten, und es gibt auch keine Pausetaste. Es ist immer aktiv – stets zu Ihren Diensten. Es ist ständig auf Empfang für Ihre ausgesendeten Frequenzen und eifrig darauf bedacht, Ihnen ein passendes Gegenstück hierzu zu liefern.

Erinnern Sie sich an Susanne. Gleich zu Beginn des Tages hat sich Susanne mit negativen Gedanken belastet und somit eine sich schlecht anfühlende Frequenz (z.B. Ärger) ausgesendet. Das Gesetz der Resonanz hat diese Frequenz empfangen und mit Gleichem beantwortet: mehr Ärger. Daraufhin musste für Susanne eine weitere Situation sichtbar und erlebbar werden, die ihrer aktiven Ärgerfrequenz entsprach. Solange Susanne ihre Frequenz nicht ändert, wird diese Negativspirale weiter ihren Lauf nehmen.

Das Gesetz der Resonanz hegt jedoch keine bösen Absichten – weder gegen Susanne, noch gegen Sie oder gegen irgendjemanden. Das Gesetz ist absolut unparteiisch und unbestechlich. Es beantwortet akkurat jede Frequenz, die es empfängt, mit dem passenden Gegenstück. So wird bei Ärger stets mehr Ärgerliches geliefert und bei Freude mehr Erfreuliches.

Wichtig zu wissen ist nun noch folgende Besonderheit: Es gibt keine »Nicht-Frequenz«. Es gibt keine »Ich-will-nicht-Frequenz«. Unser Gehirn liefert einen eindeutigen Beweis hierfür. Was passiert, wenn ich jetzt zu Ihnen sage: »Denken Sie jetzt nicht an einen rosa Elefanten.«? Welches Bild haben Sie in Ihrem Kopf, wenn Sie denken: »Ich will nicht krank sein.«

Unser Gehirn arbeitet mit Bildern. Es kann jedoch kein Bild für eine Formulierung erstellen, die das Wort »nicht« enthält. So werden Sie (auch wenn Sie es ausdrücklich nicht wollten) einen rosa Elefanten sehen beziehungsweise. ein gedankliches Bild von sich selbst in einem kränklichen Zustand.

Wie schon vorher erwähnt, kommt es bei den Gedanken auf die Richtung an. Wenn Sie sagen: »Ich will nicht krank sein,« dann liegt Ihr Fokus auf dem Thema Krankheit. Was Sie jedoch eigentlich wollten, ist das genaue Gegenteil: Gesundheit.

Energie fließt immer auf etwas zu, zu etwas hin. Der einzige Weg, in Ihrem Leben etwas »loszuwerden«, ist, Ihre Aufmerksamkeit vollständig hiervon abzuziehen. Eine wahre Zauberformel hierfür ist die Frage: »Was will ich statt dessen?« Auf diese Weise geben Sie Ihren Gedanken eine neue Richtung und bewirken gleichzeitig eine Veränderung Ihrer Frequenz. Als Folge hiervon muss das Gesetz der Resonanz eine ebenfalls entsprechend veränderte Antwort liefern. Es muss!

Aus dieser Sicht sind alle »Anti«-Kämpfe sinnlos, denn dadurch wird der Fokus auf die dramatische oder beunruhigende Situation nur noch verstärkt. Kampf gegen Drogen, gegen Krebs, gegen Armut – all dies widerspricht dem Gesetz der Resonanz und führt somit nicht zum Erfolg. Seien Sie lieber FÜR Gesundheit, FÜR Erfolg, auf jeden Fall FÜR etwas!

Das Gesetz der Anziehung hört also nicht auf Ihre Worte, sondern es folgt lediglich Ihrem Fokus. Alles in Ihrem Leben haben Sie selbst angezogen – im Kleinen wie im Großen, im Positiven wie im Negativen. Alle Dinge, Personen und Geschehnisse, die Ihnen bisher begegnet sind, sind aufgrund Ihrer gedanklichen Ausrichtung und deren Frequenzen in Ihr Leben gekommen.

Nun würde auch niemand mit Absicht einen Unfall oder eine Krankheit in sein Leben ziehen wollen. Keiner würde bewusst sagen: »Ich will einen Unfall haben,« oder »Ich will an Krebs erkranken.« Diese dramatischen Ereignisse im Leben geschehen nicht von Jetzt auf Gleich aufgrund eines einzigen negativen Gedankens. Sie sind vielmehr das Produkt einer recht langen Phase, in der die betreffende Person hauptsächlich mit negativen Gedanken jeglicher Art befasst war.

Was meinen Sie, wie viel Prozent Ihrer täglichen Gedanken sind negativ? Wie denken Sie über sich selbst, über Ihren Partner, über Ihre Kinder, Ihre Wohnung, Ihr Auto, die Fahrgäste in der U-Bahn, deren Kleidung, deren Benehmen, die Arbeitskollegen, das Wetter und überhaupt über die vielen Dinge der Welt? Gibt es eigentlich nicht überall etwas (wenn auch Winziges) auszusetzen? Machen Sie sich bitte wirklich einmal die Mühe, sich einen Tag lang selbst zu beobachten.

Es gilt herauszufinden, in welche Richtung sich die Mehrzahl Ihrer Gedanken bewegt, denn dies ist dann Ihr

Fokus, und aus dieser Richtung erfolgt die Antwort vom Gesetz der Resonanz.

Stellen Sie sich hierzu das Bild einer altmodischen Waage vor. Auf der einen Seite befindet sich die Waagschale »Positive Ausrichtung« und auf der anderen Seite die Schale »Negative Ausrichtung«. Welche Schale enthält das meiste Gewicht? Welche Seite übernimmt die Führung und bestimmt somit Ihren Fokus? Welche Art von Gedanken denken Sie am häufigsten? Eine Mehrheit ist bereits bei 51 Prozent erreicht. Wenn Sie zu 51 Prozent positive Gedanken am Tag hegen, dann erhalten Sie garantiert positive Ereignisse als Antwort. Jene, die stets und ständig 51 Prozent negative Gedanken haben, müssen dementsprechend die passenden negativen Ereignisse erleben – es gibt keine Ausnahme!

Das Gesetz ist absolut fair und gerecht. Es macht keine Fehler, es kann nicht belogen, umgangen oder ausgetrickst werden. Es steht stets und ständig im direkten Kontakt mit unserer jeweils dominanten Frequenz und antwortet hierauf. Sie können sich immer und überall darauf verlassen. Und gerade diese Eigenschaft macht es zu Ihrem besten, berechenbarsten Verbündeten im Spiel namens »Leben«. Warum? Das erfahren Sie auf den nächsten Seiten.

Nicht was wir erleben, sondern wie wir empfinden,
was wir erleben, macht unser Schicksal aus.
MARIE VON EBNER-ESCHENBACH

3 Die Macht der Gedanken und Gefühle

Gefühle sind unsere ständigen Begleiter in unserem Leben. Es gibt eine riesige Palette der verschiedensten Gefühle, und wir haben ihnen die vielfältigsten Namen gegeben. Einzig wichtig ist jedoch nur folgendes: Es gibt Gefühle, die sich gut anfühlen, und es gibt welche, die sich schlecht anfühlen.

Doch wie werden diese Gefühle ausgelöst? Durch unsere Gedanken! Jeder Gedanke, den Sie denken, erzeugt sofort ein Gefühl in Ihnen. Wenn Sie also an etwas Erfreuliches denken, werden Sie gute Gefühle verspüren. Sie fühlen sich dann freudig gestimmt, frei, lebendig – einfach rundum gut.

Es war Mittwochabend, und Susanne hatte es sich auf der Couch gemütlich gemacht. Die Kinder waren im Bett, und sie genoss die Ruhe. Da kündigte das Piepsen ihres Handys eine SMS an. Sie drückte rasch auf die Tasten und las: »Hi Suse, habe Karten für das Konzert am Samstag. Willst du mitkommen? Gabi«– »Wow«, dachte Susanne und fühlte einen Freudenstrom. »Das ist toll.« Sie ließ ihren Gedanken freien Lauf und stellte sich einen phantastischen Abend vor, mit einem tollen Konzert und jeder Menge Spaß mit ihrer Freundin Gabi. Sie fühlte sich wunderbar leicht, glücklich und voll unbändiger Freude. Allein der Gedanke an den bevorstehenden wunderbaren Abend hielt Susanne auch die nächsten Tage in dieser positiven Ausrichtung. Alles lief glatt und reibungslos, sie hatte immer die passende Idee, und es waren stets freundliche Personen um sie herum.

Denken Sie jedoch an etwas Unerfreuliches, zeigt sich dies spürbar durch Ihre schlechten Gefühle wie etwa Angst oder Hilflosigkeit. Sie fühlen sich unwohl. Ihr negativer Gedanke erzeugt ein negatives Gefühl.

Susannes Blick fiel auf ihren Kalender. Für nächste Woche Donnerstag war der Kleiderbasar im Kindergarten eingetragen. »Oh nein«, seufzte sie. »Da bin ich ja zum Verkauf eingeteilt.« Aus reinem Pflichtgefühl hatte sie sich zur Mitarbeit überreden lassen. Doch tief in ihrem Inneren graute ihr davor, den ganzen Nachmittag mit den anderen Müttern zusammen zu sein, die über nichts anderes zu reden wussten als über ihre Kinder. Allein der Gedanke daran verursachte ihr Magenschmerzen.
   Mit diesen negativen Gedanken ständig vor Augen, hielt sie sich während der folgenden Tage in einer negativen Ausrichtung. Dementsprechend waren dann auch ihre Erlebnisse: Hindernisse, Probleme und unfreundliche Leute.

Gefühle sind Ihr ganz spezielles Anzeige-Instrument, auf dem Sie jederzeit akkurat ablesen können, auf welcher Frequenz sich Ihre Gedanken gerade befinden. Ihre Gefühle lassen Sie spüren, welche Frequenz Sie gerade jetzt aussenden. Und auf genau diese Aussendung wird das Gesetz der Resonanz ein passendes Gegenstück als Antwort liefern. Das heißt, Sie wissen immer, was als nächstes auf Sie zukommen wird.

Wie oft haben Sie schon gesagt: »Das kann nicht gut gehen.« Oder: »Das habe ich kommen sehen.« – »Das habe ich vorher gewusst.« Manche nennen dies die selbsterfüllende Prophezeiung. Aber es ist lediglich die präzise Antwort auf Ihre gedankliche Ausrichtung.

Ob du glaubst, du kannst es,
oder es nicht glaubst – du hast recht.
Henry Ford

Wenn Sie denken, Sie können etwas nicht schaffen, dann antwortet das Gesetz der Resonanz mit einem entsprechenden Ereignis und dem Ergebnis: Sie werden es nicht schaffen. Wenn Sie jedoch denken, dass Sie es (irgendwie) schaffen können, dann muss das Gesetz ebenfalls das Passende hierzu liefern: Ereignisse, die Ihnen den gewünschten Erfolg bringen.

Wollen Sie wissen, in welcher Art von Ausrichtung sich Ihre Gedanken im Moment befinden? Dann sehen Sie sich Ihre derzeitigen Gefühle an. Wie fühlen Sie sich gerade? Diese Frage sollten Sie sich so oft wie möglich stellen, damit Sie mit Ihren Gefühlen vertrauter werden. So lernen Sie, Ihre Gefühle bewusst wahrzunehmen und als wichtiges Instrument für die Gestaltung Ihres Lebens zu nutzen.

*Erinnere dich in jedem Augenblick an die Macht
deiner Gedanken. Was du beständig und beharrlich
denkst, das wirst und verwirklichst du.*
K.O. SCHMID, SCHRIFTSTELLER

Nachfolgend möchte ich Ihnen die zuvor erläuterten Puzzleteile der Grundlagen zu einem Gesamtbild zusammensetzen:

> Alles ist Energie, auch Ihre Gedanken.
> Energie ist immer in Bewegung, sie fließt immer auf etwas zu.
> Mittels Ihrer Gedanken bestimmen Sie selbst diese Fließrichtung.
> Mit jedem Ihrer Gedanken richten Sie Ihre Aufmerksamkeit auf eine bestimmte Sache.
> Durch Ihr Denken an oder über diese Sache fließt nun Ihre Energie in diese Richtung.
> Der Gedanke erzeugt ein Gefühl in Ihnen.
> Das Gefühl zeigt Ihnen spürbar die Richtung Ihrer Gedanken (positiv oder negativ).
> Das Gesetz der Anziehung liefert mehr von dem, worauf Ihr gedanklicher Fokus liegt (mehr Positives oder mehr Negatives).
> Wenn Sie einen Gedanken intensiv und sehr oft denken, nimmt dieser eine Form an und wird für Sie erlebbar, greifbar, spürbar. Er wird zur Realität.

Bitte beachten Sie die richtige Reihenfolge: Alles, was Sie erleben wollen, muss zuerst gedacht werden – oder besser gesagt: erdacht werden. Ihr gedanklicher Fokus auf eine Sache führt letztendlich dazu, dass der Gedanke eine reale, erlebbare Gestalt annimmt. Auf diese Weise haben Sie alles in Ihrem Leben erschaffen. Nichts passiert außerhalb dieses Schemas. Es gibt keine Ausnahme. Nun möchte ich Sie anregen, sich folgende Fragen zu stellen:

> Sind Sie bereit, sich auf diese neue Sicht der Welt einzulassen?
> Können Sie sich mit dem Gedanken anfreunden, dass die Basis von allem Energie ist?

Hierzu könnten Sie ganz einfach mal Ihr Umfeld (Gegenstände und Personen) betrachten. Nehmen Sie zum Beispiel etwas, das Sie gerade neu gekauft haben, und denken Sie zurück an die Zeit vor dem Kauf. Hatten Sie da nicht eine Idee, eine bestimmte Vorstellung von dem Gegenstand im Kopf?

Ebenso verhält es sich mit Personen. Haben Sie gerade neue Bekanntschaften geschlossen? Hatten Sie vorher nicht die Idee, den Wunsch im Kopf, jemand Neues, Interessantes kennen zu lernen? Erinnern Sie sich zurück – und Sie werden feststellen, dass es zuvor immer einen passenden Gedanken gab.

Wie fühlt sich für Sie der Gedanke an, dass alles veränderbar ist? Wie wäre es, wenn alle Ihre Wünsche real werden können? Sie sind von niemandem abhängig, auch wenn es für Sie derzeit vielleicht noch so aussieht. In Wahrheit sind Sie absolut frei. Alles, was Sie am Erkennen dieser Freiheit hindert, sind lediglich ein paar unpassende Gedankenmuster. Da SIE der Denker Ihrer Gedanken sind, haben Sie volle Kontrolle hierüber. Eine Veränderung Ihres Denkens ist kinderleicht: Denken Sie einfach etwas anderes, etwas, das sich besser anfühlt – und das Gesetz der Anziehung erledigt den Rest.

Zu schön, um wahr zu sein? Nein. Dies ist kein Märchen. Dies ist ein physikalisches Gesetz! Sie können alles haben und erreichen, was Sie wollen. Aber: Wissen Sie eigentlich, was Sie wollen? Kennen Sie Ihre Ziele? Kennen Sie Ihre Wünsche? Kennen Sie Ihre Bedürfnisse?

Kein Wind ist demjenigen günstig,
der nicht weiß, wohin er segeln will.
MICHEL DE MONTAIGNE

Auf jeder Reise benötigen Sie ein Ziel. Es muss nicht unbedingt das Endziel sein. Es genügt auch ein Etappenziel. Aber Sie brauchen auf alle Fälle ein Ziel – sei es für eine Reise oder für Ihr Leben.

Die meisten Menschen wissen gar nicht richtig, was sie wollen. Sie leben in einer Art »Autopilot-Modus« vor sich hin, und beklagen sich dann, dass ihnen ihre Erlebnisse nicht gefallen. So sind sie ständig damit beschäftigt, verfahrene Situationen wieder einigermaßen in Ordnung zu bringen.

Stellen Sie sich vor, Sie gehen in ein Restaurant zum Essen. Nun fragt Sie der Kellner nach Ihren Wünschen und

Sie sagen: »Bringen Sie mir irgendwas zu essen.« Und dann wird Ihnen etwas serviert, das Sie gar nicht mögen. Wie viel Sinn macht es nun, sich hierüber beim Kellner zu beschweren? Wie kann der Kellner wissen, was Sie wollen, wenn Sie es nicht sagen? Bisher sind Sie sicherlich noch nicht auf die Idee gekommen, sich derart in einem Restaurant zu verhalten. Stattdessen studieren Sie die Speisekarte und wählen bewusst ein Gericht, das Sie mögen. Dann geben Sie dem Kellner eine konkrete Bestellung und vielleicht sogar noch ein paar Sonderwünsche dazu.

Ihr Leben verläuft nach dem gleichen Muster. Sie haben eine immense Vielfalt an Ideen und Möglichkeiten zur Auswahl. Es liegt an Ihnen, eine Entscheidung zu treffen. Dies gleicht der Bestellung im Restaurant. Ihr ganz persönlicher Kellner ist das Gesetz der Anziehung, welches Ihnen akkurat genau das liefert, was Sie bestellt haben. Und dann dürfen Sie die »Lieferung« genießen.

Somit ist es also unentbehrlich, dass Sie herausfinden, was Sie wollen. Was sind Ihre Wünsche? Was sind Ihre Ziele?

Ihr persönlicher Wunschzettel

Es ist auf jeden Fall empfehlenswert, wenn Sie sich hierzu Notizen machen würden. Ich schlage Ihnen vor, dass Sie für jeden Bereich Ihres Lebens eine separate Liste anlegen: Beruf, Familie, Freizeit, Freunde, Beziehung, Sonstiges. Die Überschrift jeder Liste lautet: Was will ich wirklich?

Und dann schreiben Sie alles auf, was Ihnen gerade einfällt. Lassen Sie dabei Ihren Verstand außer Acht. Erinnern

Sie sich an all die vergrabenen Wünsche in Ihnen. Welche Visionen hatten Sie als Kind? Was wollten Sie schon immer einmal tun? Füllen Sie Ihre Listen mit kleinen und großen Dingen: ein Buch lesen, ein Konzert hören, ins Musical gehen, in die Karibik reisen, singen lernen, ein Buch schreiben, fliegen lernen, eine spezielle Sportart betreiben, einen bestimmten Abendkurs belegen, eine neue Ausbildung, einen Kegelclub gründen, neue Bekanntschaften schließen, Ihren Traumpartner finden …

Beachten Sie, dass es nicht nur materielle Wünsche gibt. Denken Sie auch an das Wünschen von Eigenschaften wie zum Beispiel Anerkennung, Erfüllung, Freude, Ruhe, Entspannung, innerer Frieden …

Widmen Sie sich nur Ihren ganz eigenen Bedürfnissen, Ideen und Herzensanliegen. Es geht nicht um Ihre derzeitigen Möglichkeiten oder die Durchführbarkeit der Wünsche – es geht nur um die Wünsche an sich. Lassen Sie alle »wenn« und »aber« außen vor. Hören Sie nicht auf das, was »man sich wünschen sollte«. Erkennen Sie Ihre persönlichen Bedürfnisse und machen Sie sich frei von der Meinung anderer.

Monika saß in ihrem Liegestuhl auf dem Balkon und genoss die Wärme der frühherbstlichen Mittagssonne. Sie lauschte dem Zwitschern der Vögel und fühlte sich wunderbar entspannt. »Was will ich wirklich?«, fragte sie sich. »Kosmetik«, dachte sie. »Ja, ich würde so gern noch eine Ausbildung zur Kosmetikerin machen. Und dann ein eigenes kleines Studio eröffnen.« Sie fühlte, wie bei dem Ge-

danken daran ein sanftes, wohliges Kribbeln in ihrem Bauch entstand. Doch dann erinnerte sie sich an die Kommentare ihrer fast erwachsenen Kinder: »Dazu bist du doch jetzt schon zu alt.« Sofort war das angenehme Kribbeln verschwunden, und sie fühlte sich unwohl.

Lassen Sie sich von niemandem beeinflussen! Zu alt, zu jung, zu spät, zu früh, zu dumm, zu klein, zu groß – es lassen sich immer Gründe finden, die Ihr Vorhaben als unmöglich durchführbar erscheinen lassen. Vertrauen Sie stattdessen lieber auf Ihr Gefühl! Jeder Wunsch, der sich für Sie gut anfühlt, passt zu Ihnen. Halten Sie bei jedem Wunsch auf Ihrer Liste kurz inne und prüfen Sie Ihr Gefühl hierzu. Fühlen Sie sich gut, dann entspricht der Wunsch tatsächlich Ihren Bedürfnissen. Fühlen Sie sich jedoch unwohl, dann handelt es sich um einen Wunsch, der gar nicht zu Ihnen passt. Hier haben Sie (vielleicht unbewusst) die Meinung anderer übernommen. Nicht jeder braucht für sein Glück eine Million auf dem Konto. Finden Sie lieber heraus, was SIE wollen und was Ihnen gut tut.

Jeder hat sein eigenes Leben und seine eigenen Erfahrungen. Jeder hat seinen eigenen Weg zu gehen. Lassen Sie sich von niemandem beeinflussen, denn es gibt nur eine Person, die in Ihrem Leben wichtig ist: Sie selbst! Sie können ab sofort das Steuer Ihres Lebens selbst in die Hand nehmen. Bestimmen Sie Ihre Ziele und erleben Sie, wie sich der Weg dorthin wie von selbst eröffnet.

Ein wirklich guter Vergleich hierzu ist die Funktionsweise eines Navigationsgerätes, welches heute in vielen Autos benutzt wird. Sie programmieren ein Ziel, und das Gerät berechnet die Route dorthin. Nun können Sie losfahren und erhalten unterwegs konstant Anweisungen bezüglich der Fahrstrecke. Selbst wenn Sie sich trotzdem einmal verfahren sollten, ist dies kein Problem. Mit dem Hinweis »Route wird neu berechnet« ermittelt das Navi Ihre neue Position und berechnet in Sekundenschnelle die entsprechend neue Route zu Ihrem Ziel. Das bedeutet: Egal, wo Sie sich befinden, Sie werden immer zum Ziel gelotst. Es gibt immer einen Weg dorthin.

Doch welche Route soll Ihnen das Navi vorgeben, wenn Sie kein Ziel bestimmen? Diese Art der Nutzung macht keinen Sinn. Ihr Leben funktioniert ebenso. Ohne Ziele irren Sie lediglich umher, und Ihr Leben erscheint leer und sinnlos.

Man kann dir den Weg weisen,
gehen musst du ihn selbst.
BRUCE LEE

Hätten Sie gewusst, dass Sie über eine Art »eingebautes Navigationssystem« verfügen? Was halten Sie von einem ganz persönlichen »Lebens-Navi«, das Ihnen immer und überall zur Verfügung steht? Wie wäre es, einen Wegweiser zu besitzen, der Ihnen jederzeit die beste Route zum Ziel anzeigt und Ihnen bei Entscheidungen hilfreich zur Seite steht? Solch eine Hilfe wünscht sich sicherlich jeder. Und nun kommt der Clou: Solch ein Navi hat tatsächlich jeder – nur handelt es sich nicht um ein Gerät. Ihre ganz persönliche

Navigation erfolgt durch Ihre Gefühle! Die Funktionsweise ist denkbar einfach:

> Gute Gefühle   = Sie sind auf Zielkurs.
> Schlechte Gefühle   = Sie sind auf Umwegen.

Nehmen wir nun einmal an, Sie erleben gerade eine Situation, die Ihnen nicht gefällt. Dies ist der Startpunkt. Die unliebsame Situation erweckt negative Gefühle in Ihnen, und Sie fühlen sich unwohl. Jetzt ist es nötig, dass Sie Ihr gewünschtes Ziel benennen. Dies geschieht am besten, indem Sie sich fragen: »Was will ich stattdessen?«

Wenn Sie etwa gerade Geldsorgen haben, dann wünschen Sie sich mehr Geld. Dies ist nun Ihr Zielzustand. Sie wünschen sich etwas, das sich besser anfühlt beziehungsweise Sie besser fühlen lässt. Die Vorstellung von mehr Geld auf Ihrem Konto löst in Ihnen positive Gefühle aus, wie zum Beispiel Freude, Sicherheit, Erfolg oder Zufriedenheit.

Sie haben nun Ihren Startpunkt (= zu wenig Geld) und Ihr Ziel (= mehr Geld). Jetzt liegt es an Ihnen, die Route zum Ziel zu bewältigen. Das heißt: Lenken Sie Ihre Aufmerksamkeit weg von dem Ist-Zustand und hin zum Ziel-Zustand. Erinnern Sie sich: Ihr Fokus bestimmt, in welche Richtung Ihre Energie fließt. Beharren Sie gedanklich auf Ihrem derzeitigen Ist-Zustand (dass Sie zu wenig Geld haben), dann liegt genau hier Ihre Aufmerksamkeit – und das Gesetz der Anziehung wird Ihnen mehr Dinge oder Situationen liefern, die diesen Zustand bestätigen oder gar verstärken.

Wenn Sie jedoch Ihren Fokus auf Ihren gewünschten Ziel-Zustand lenken und dort konstant halten, dann liegt auch hier Ihre Aufmerksamkeit – und das Gesetz der Anziehung wird Ihnen mehr Dinge und Situationen liefern, die Ihnen Geld zufließen lassen. Sie werden erleben, dass sich Ihnen hierfür ganz neue Quellen auftun, auf die Sie selbst nie gekommen wären.

Den Fokus auf das Ziel lenken – was heißt das nun genau? Sehen wir uns dazu einmal die einzelnen Phasen, die zur Erfüllung Ihrer Wünsche erforderlich sind, einzeln an:

> Wünschen: Finden Sie heraus, was Sie haben, sein oder tun wollen.
> Antwort: Das Gesetz der Anziehung schickt das Gewünschte zu Ihnen auf den Weg.
> Empfangen: Sie halten Ihre Frequenz (Ihre Gefühle) in einem positiven Bereich.

Jeder von uns sendet täglich vielfache Wünsche aus. Wir finden ständig etwas, das sich für uns besser anfühlt – oder wir meinen zumindest, dass wir uns besser fühlen, wenn wir die Erfüllung des Wunsches erreicht haben.

Unser übergeordnetes Ziel ist somit bei allen Wünschen das gleiche: Wohlfühlen. Und nun ist auch klar ersichtlich, wo Ihr Fokus liegen sollte: beim Wohlfühlen. Dies ist der einzige Job, den Sie zu erledigen haben, um Ihre Wünsche Wirklichkeit werden zu lassen: Wohlfühlen. Befassen Sie sich so oft und so lange wie möglich mit Dingen oder Personen, die positive Gefühle in Ihnen auslösen. Bringen Sie Ihren Fokus in positive Frequenzen, in positive Gefühle.

Erinnern Sie sich an das Beispiel mit dem Radio. Es geht darum, dass Sie sich auf Empfangsfrequenz für Ihre Wünsche begeben. Ihre Ist-Situation würde beispielsweise der Frequenz 92,2 MHz entsprechen. Ihr Zielzustand befindet sich jedoch auf 98,8 MHz. Ebenso, wie Sie beim Radio die Senderfrequenz ändern müssen, um Ihre Wunschmusik zu hören, müssen Sie Ihre Gefühls-Frequenz ändern, um Ihren Wunschzustand erleben zu können.

Den Fokus auf das Ziel lenken heißt nun also, den Fokus auf Ihr Wohlbefinden ausrichten – auf alles, was sich für Sie gut anfühlt. Dies ist der einzige Weg, um Ihre Frequenz sozusagen »auf Empfang« einzustellen. Nutzen Sie hierzu alles, womit Sie sich gut fühlen. Je schneller Sie Ihre Gedanken aus der Ist-Situation abziehen können, umso schneller kann der Wunsch in Ihrem Leben real werden.

Zu Anfang fällt es Ihnen vielleicht schwer, einen angenehmen Gedanken zu finden, da die derzeitige Situation so überwältigend ist. Zu diesem Zweck wäre es hilfreich, wenn Sie eine Wohlfühlliste parat hätten. Idealerweise erstellen Sie diese Liste, wenn Sie in einer guten Stimmung sind.

Schreiben Sie alles auf, was Sie in eine bessere Stimmung versetzen kann, zum Beispiel ein Musikstück, ein Foto, eine Erinnerung, eine Filmszene, ein Witz, ein Spaziergang, einen Tee trinken, ein Bad nehmen, mit Freunden telefonieren. Finden Sie möglichst viele verschiedene Dinge und Tätigkeiten, auch solche, die Sie nicht nur zu Hause sondern überall durchführen können. Diese Liste soll Ihnen helfen, jederzeit und an jedem Ort etwas zu finden oder zu tun, was Sie sich besser fühlen lässt. Sie soll Ihnen helfen, Ihre Frequenz in einen positiven Bereich zu bringen. Sie soll Ihnen helfen, sich für Ihre Wünsche auf Empfang einzustellen.

Machen Sie sich immer wieder klar: Ihre Gefühle bestimmen, was Sie erleben. Anhand Ihres derzeitigen Gefühls können Sie genau erkennen, was als nächstes auf Sie zukommen wird: Gleiches!

Klaus hatte schlecht geschlafen. Dies machte sich während seiner Arbeit unangenehm bemerkbar. Er musste ständig gähnen, fühlte sich müde und konnte sich nicht richtig konzentrieren. Dementsprechend schlichen sich bei der Arbeit Fehler ein. Auch sein Chef schien nicht in bester Laune zu sein – zumindest kam es ihm so vor. Ausgerechnet heute musste er ihn wegen der geplanten Woche Urlaub um Zustimmung bitten. »Oh je«, dachte er. »Heute ist kein guter Zeitpunkt, aber ich kann es nicht weiter aufschieben.« Mit einem mulmigen Gefühl ging er zu ihm und trug sein Anliegen vor. »Es tut mir leid,« sagte sein Vorgesetzter, »Sie können in diesem Zeitraum leider keinen Urlaub nehmen. Wir haben gerade einen großen Auftrag zu erledigen, so dass wir dringend alle Mitarbeiter hier benötigen.« Klaus war enttäuscht und wütend. Schnurstracks ging er zu seinem Kollegen und erzählte ihm von der Antwort. »Das ist absolut ungerecht!«, pflichtete dieser ihm bei. »Du hast bisher kaum Urlaub gehabt und bist immer eingesprungen, wenn Not am Mann war.«

Klaus dachte den Rest des Tages an nichts anderes mehr. Er war schlechter Laune und ließ dies jedermann spüren. Am Abend erzählte er seiner Frau von dem Vorfall – und ebenfalls seinem Freund Peter. Alle gaben ihm recht. Dies war zwar ein gewisser Trost, aber Klaus fühlte sich weiterhin schlecht, hilflos und den Launen seines Chefs machtlos ausgeliefert.

Erkennen Sie, was hier passiert ist? Welche Gedanken hatte Klaus vor dem Gespräch mit dem Chef? Hat Klaus jemals versucht, seine gedankliche Ausrichtung zu verändern?

Die meisten sind es gewohnt, im (unerwünschten) Ist-Zustand hängen zu bleiben. Sie erleben eine ähnliche Situation wie soeben beschrieben beziehungsweise beobachten die Welt und das Geschehen und reagieren dann darauf – mit Gleichem. Sie ahmen das Verhalten nach, das ihnen von anderen entgegengebracht wird. Gleiches wird mit Gleichem vergolten. Oh, fällt Ihnen daran gerade etwas auf? Gleiches mit Gleichem? Kommt Ihnen das nicht irgendwie bekannt vor?

Sind Sie auch jemand, der schnell mit Schuldzuweisungen bei der Hand ist? »Schuld« ist jedoch ein missverständliches Wort. Ich möchte es lieber mit »Ursache« oder »Verursacher« ersetzen. Also: War der Chef wirklich der Verursacher von Klaus' Gesprächsergebnis? Lag die Ursache nicht eher bei Klaus selbst – in seiner negativen Stimmung und Erwartungshaltung?

Was soll das Gesetz der Anziehung als Antwort liefern, wenn die Botschaft lautet: »Es wird nicht klappen.« Das

Gesetz liefert immer Gleiches. Und daher muss und kann das Ergebnis nur dies sein: Es wird nicht klappen!

Wie gefällt Ihnen die Idee, dass die Reaktion des Chefs nur die »passende Antwort« auf Klaus' vorherige gedankliche Ausrichtung war? Seine Reaktion war quasi die »Lieferung« vom Gesetz der Anziehung. Die Reaktion war für Klaus lediglich der Spiegel, in dem er seine eigene, derzeitig dominante Frequenz erkennen konnte.

Sehen wir uns die gleiche Situation noch einmal an, jedoch mit einer winzigen Änderung in der Ausrichtung der Gedanken:

Klaus hatte schlecht geschlafen. Dies machte sich während seiner Arbeit unangenehm bemerkbar. Er musste ständig gähnen, fühlte sich müde und konnte sich nicht richtig konzentrieren. Dementsprechend schlichen sich bei der Arbeit Fehler ein. Auch sein Chef schien nicht in bester Laune zu sein – zumindest kam es ihm so vor. Ausgerechnet heute musste er ihn wegen der geplanten Woche Urlaub um Zustimmung bitten. »Oh je«, dachte er. »Heute ist kein guter Zeitpunkt, aber ich kann es nicht weiter aufschieben.« Er merkte deutlich, dass er sich unwohl fühlte und dachte: »Stopp! Mein Gefühl zeigt mir gerade, dass meine Gedanken und mein Ziel nicht in die gleiche Richtung gehen.« Er spürte einen leichten Anflug von Erleichterung. »Okay«, sagte er zu sich selbst. »Was ist mein Ziel? Wie will ich mich fühlen?« In Gedanken sah er sich an einem wunderbaren Strand sitzen, voller Ruhe und Entspannung. »Ja«, dachte er, und Freude stieg in ihm auf.

»Dies ist mein Ziel, und ich werde es erreichen. Dies fühlt sich gut an.« Mit gelöster Miene ging er zu seinem Chef und trug ihm sein Anliegen vor. »Es tut mir leid,« sagte er. »Sie können in diesem Zeitraum leider keinen Urlaub nehmen. Wir haben gerade einen großen Auftrag zu erledigen, sodass wir dringend alle Mitarbeiter hier benötigen. Aber Sie hatten bisher ja kaum Urlaub und sind immer eingesprungen in Notfällen. Ich werde sehen, was ich für Sie tun kann.« Klaus fühlte sich ernst genommen und zuversichtlich. Er wusste, dass er seinen Urlaub bekommen würde. Er konnte es fühlen.

Seinem Kollegen berichtete er: »Die Entscheidung ist noch nicht ganz klar, aber ich weiß, dass es mit dem Urlaub klappen wird. Ich habe da ein gutes Gefühl.«

Klaus dachte den Rest des Tages an nichts anderes mehr. Er war voller Zuversicht. Am Abend erzählte er seiner Frau von dem Gespräch – und ebenfalls seinem Freund Peter. Klaus fühlte sich einfach gut und dachte immer wieder an den Strand, das Meer und die wunderbare Erholung.

Am nächsten Tag erhielt er von seinem Chef die Genehmigung für den Urlaub. Unerwarteterweise hatte der Auftraggeber den Liefertermin gerade um zwei Wochen nach hinten verschoben.

Ob Sie es nun glauben oder nicht, es sind immer nur Ihre Gedanken, die Ihr Erleben beeinflussen. Das Gesetz der Resonanz liefert Ihnen immer das, was Sie zuvor ausgesendet haben – egal, ob Ihnen das nun passt oder nicht, ob Sie das Gesetz kennen, ob Sie es ablehnen oder gar dies alles für Unsinn halten. Das Gesetz wirkt trotzdem. Und es gibt einen absolut sicheren Weg, dies herauszufinden: Probieren Sie es aus! Denken Sie einen Tag lang negativ – und sehen Sie, was passiert. Dann denken Sie einen Tag lang positiv – und machen Sie sich auf eine Überraschung gefasst!

Alles in Ihrem Leben, jede Situation, jede Begegnung, geschieht aus einem einzigen Grund: Sie hatten zuvor dementsprechende Gedanken! Glücklicherweise sind Gedanken hochgradig flexibel. Gedanken können von einer Sekunde auf die nächste grundlegend verändert werden. In einem Moment sehen Sie zum Beispiel einen Fleck in Ihrem Teppich, woraufhin negative Gedanken folgen. Im nächsten Augenblick entdecken Sie eine neue Blütenknospe an Ihrer Lieblingsblume, was dann positive Gefühle in Ihnen auslöst.

Die Zauberformel heißt also: Gedanken in eine andere Richtung lenken. Etwas Erfreuliches gibt es immer und überall zu entdecken. Sie sind bisher nur noch nicht auf die Idee gekommen. Egal, wo Sie gerade sind, finden Sie etwas (einen Gegenstand, eine Person, eine Eigenschaft), das Ihnen gefällt. Lenken Sie sich ab!

Die Menschen werden nicht durch die Dinge,
die passieren, beunruhigt,
sondern durch die Gedanken darüber.
EPIKUR, GRIECHISCHER PHILOSOPH

Ist Ihnen schon einmal aufgefallen, dass Eltern sehr oft genau diese Taktik für ihr quengelndes Kind anwenden? Das Kind nörgelt oder schreit, und die Eltern versuchen, die Aufmerksamkeit des Kindes auf etwas anderes zu lenken. »Sieh mal den kleinen Hund an.« Oder sie versuchen, es mit einem Spielzeug zu beschäftigen, machen selbst Verrenkungen und schneiden lustige Grimassen. Das oberste Ziel all dieser Aktionen ist die Ablenkung. Wenn das Kind dieser Aufforderung folgt, dann gluckst es innerhalb weniger Sekunden wieder munter vor sich hin, auch wenn zuvor seine Welt scheinbar in Trümmern lag.

All dies führt nun zu der Erkenntnis, dass das Leben beziehungsweise die sogenannte Realität absolut veränderbar ist. Sie können jederzeit und überall etwas an Ihrem Leben ändern. Sie sind niemandem ausgeliefert, denn mittels Ihrer Gedanken können Sie Ihr Erleben bewusst steuern.

Wie fühlt sich der folgende Satz an: »Alles, was mir passiert, ist lediglich die Antwort auf meine vorausgegangene Aussendung.« Spüren Sie Erleichterung? Können Sie die Freiheit darin fühlen?

Das obige Beispiel von Klaus' Erlebnis zeigt ganz deutlich, wie diese »Antwort« innerhalb kürzester Zeit verändert werden kann. Zuerst war er in negativer Stimmung und erhielt eine negative Antwort. Im zweiten Fall hat er sich bewusst in eine positivere Stimmung versetzt und somit auch gleichfalls die Antwort verändert.

Je mehr es Ihnen gelingt, alle Geschehnisse nur als Antwort zu erkennen, umso leichter fällt Ihnen das Umschwenken auf positivere Gedanken.

Wenn Sie etwas Unerwünschtes erleben, dann versuchen Sie ein Gedankenspiel ähnlicher Art:

- Es ist nur die Antwort darauf, wie ich bisher über diese Sache/Person gedacht habe.
- Es ist nur die Antwort, also ist es Vergangenheit.
- Diese Vergangenheit gefällt mir nicht. Was will ich stattdessen?
- Ich kenne mein Ziel und weiß, dass ich es erreichen kann.
- Das Gesetz der Anziehung bringt mir immer alles, was ich will.
- Hierzu muss ich lediglich auf Empfang eingestellt sein.
- Ich muss jetzt nur meine Gedanken neu ausrichten.
- Positive Erlebnisse erreiche ich durch positive Gedanken.
- Es gibt immer eine positive Seite. Was kann ich hier Positives sehen?
- Ich suche jetzt bewusst nach positiven Dingen und positiven Gedanken.
- Ich finde überall etwas, das mir Freude bereitet und sich gut anfühlt.
- Mein einziger Job ist, mich wohl zu fühlen.

Spielen Sie mit Ihren Gedanken! Erfinden Sie neue Gedanken. Lenken Sie Ihre Aufmerksamkeit weg von den Geschehnissen um Sie herum. Finden Sie einen neuen Fokus.

Machen Sie selbst die unscheinbarsten Dinge zum Mittelpunkt Ihrer Aufmerksamkeit. Bewundern Sie zum Beispiel den Übertopf der Pflanze auf dem Fensterbrett oder die schöne Haarfarbe Ihrer Kollegin, die tollen Schuhe, den bequemen Stuhl. Es ist völlig egal, wohin Sie Ihre Blicke schweifen lassen, doch finden Sie etwas Positives, auch wenn es noch so winzig ist. Finden Sie etwas, über das Sie positive Gedanken entwickeln können.

Ist Ihnen bewusst, dass auch in der Welt der Gedanken das Gesetz der Anziehung aktiv ist? Es liefert Ihnen stets weitere Gedanken der gleichen Art. Denken Sie Positives, werden Sie als Antwort hierauf weitere passende (also positive) Gedanken geliefert bekommen. Denken Sie jedoch Negatives, dann ermöglicht Ihnen das Gesetz der Anziehung, dass Sie noch mehr negative Gedanken finden.

Aus diesem Grund ist es so wichtig, dass Sie sich möglichst oft und lange in einer positiven gedanklichen Ausrichtung befinden. Am besten fangen Sie gleich morgens damit an. Statt nämlich ständig auf die widrigen Umstände reagieren zu müssen, können Sie Ihr Leben im wahrsten Sinne des Wortes vorher programmieren.

Den Tag bewusst programmieren
Überlegen Sie sich also bereits am Morgen, wie Ihr Tag verlaufen soll. Stellen Sie sich diesen Ablauf bildhaft vor. Sie sehen (und fühlen!) einen erfolgreichen Tag, an dem Sie kreative Ideen haben, angenehme Gespräche, interessante Bekanntschaften; die Arbeit geht Ihnen leicht von der Hand, Sie sind fröhlich und guter Dinge.

Diese Vision von Ihrem perfekten Tag und die dazu empfundenen Gefühle sind Ihr Befehl an das Gesetz der Anziehung, welches nun alle Hebel in Bewegung setzt, um Ihnen genau dies zu liefern: einen perfekten Tag.

Ich möchte Ihnen empfehlen, dass Sie Ihren Tag in mehrere Abschnitte einteilen. So bestimmen Sie morgens, wie Ihr Vormittag verlaufen soll. Am Mittag halten Sie wieder kurz inne und »programmieren« den Ablauf Ihres Nachmittags. Danach nehmen Sie sich etwas Zeit, um die gewünschten Geschehnisse des Abends zu bestimmen. Ja, Sie haben richtig gelesen: SIE bestimmen!

Es liegt ausschließlich an Ihnen, den Ablauf des Tages festzulegen. Dies erreichen Sie innerhalb kürzester Zeit. Sie benötigen hierfür kaum mehr als ein paar Minuten. Ihre Vorstellungen sind die Vorgabe, nach der das Gesetz der Anziehung in Aktion tritt. Sie brauchen sich nicht um die Erfüllung dieser Vorgaben kümmern. Sie brauchen sich nur auf die Entwicklung der Dinge und die Erfüllung zu freuen.

Die Gedanken auf positivem Kurs halten

Zu einfach? Meinen Sie: »Aber man muss doch was tun!« Da haben Sie natürlich vollkommen recht. Sicherlich muss man etwas tun. Doch das Handeln kommt erst an zweiter Stelle. Erinnern Sie sich stets daran, dass alles auf Energie basiert. Zuerst muss der Gedanke vorhanden sein, sodass die Energie dann die entsprechende Form hierzu annehmen kann.

Sofern Sie Ihren Fokus im positiven Bereich halten, wird

für Sie all das sichtbar, was Sie für die Erfüllung Ihres Wunsches benötigen: Sie hören hilfreiche Hinweise, treffen Personen, die sich als fachliche Spezialisten hierfür herausstellen, Sie finden eine Internetseite oder lesen einen Artikel, der Ihnen weiterhilft. Das sind dann jene Tage, an denen alles glatt läuft und Sie großartige Ideen haben. Der Weg zu Ihrem Ziel ist leicht und voller Freude.

Sobald Sie jedoch Ihren Fokus in einen negativen Bereich bringen, wird alle Hilfestellung, die für Sie parat steht, unsichtbar. Sie haben keine Ideen, rennen kopflos umher, die Dinge laufen nicht so, wie sie sollten. Sie versuchen dann mit allen Mitteln, die entstandenen Missgeschicke irgendwie wieder gerade zu biegen. Sie meinen, noch härter arbeiten zu müssen, sind erschöpft und kraftlos.

Doch dabei vergessen Sie eins: Keine Handlung der Welt kann jemals eine negative Ausrichtung ausgleichen! Zuerst muss die Ausrichtung geändert werden. Es ist völlig egal, wie Sie dies schaffen. Nutzen Sie hierzu alles, was Sie in eine bessere Stimmung versetzt. Nehmen Sie Ihre Liste zur Hand. Einzig wichtig ist eine Veränderung Ihrer Frequenz. Nur dadurch ändert sich die Antwort (= Ihr Erleben) – und oftmals ändert sie sich auf so phantastische Weise, dass ein Handeln dann gar nicht mehr nötig ist.

Sie sehen: Im Prinzip ist alles ganz einfach. Sie sind es nur nicht so gewohnt. Ihre Erziehung und Ihr Umfeld haben Sie eine andere Verhaltens- und Denkweise gelehrt. Doch Sie können jederzeit aus diesem alten Schema aussteigen. Fassen Sie jetzt bewusst den Entschluss dazu:

»Ich kann mein Leben selbst gestalten. Es ist ganz einfach. Ich kann alles erreichen, was ich mir wünsche. Ich bin frei und unabhängig. Ab jetzt achte ich besser auf meine Gedanken und Gefühle. Ab jetzt lasse ich einfach mehr Freude in mein Leben.«

Der Schlüssel zum Scheitern ist der Versuch,
es allen recht zu machen.
BILL COSBY

4 Vorteil oder Nachteil?

Können Sie sich vorstellen, dass es in irgendeiner Art vorteilhaft für Sie ist, wenn Sie Ja sagen? Manche sind tatsächlich davon überzeugt, dass sie durch ihr Jasagen leichter durchs Leben kommen. Es ist sozusagen der Weg des geringsten Widerstandes. Sie meinen, durch dieses Verhalten einige Unbequemlichkeiten vermeiden zu können. Doch der Preis hierfür ist hoch. Um des lieben Friedens willen boykottieren sie sich selbst. Sie missachten ihre eigenen Wünsche und Bedürfnisse und leben ihr Leben nach dem Plan anderer. Sehen wir uns nachfolgend die scheinbar vorteilhaften Gründe einmal genauer an.

Flucht vor Verantwortung

Zu allem Ja zu sagen ist eine geschickte Möglichkeit, um ständig für andere aktiv zu sein. Auf diese Weise sind Sie vollkommen damit beschäftigt, das Leben anderer zu ordnen und zu unterstützen, und haben keine Zeit mehr, sich um Ihre eigenen Belange, Wünsche und Bedürfnisse zu kümmern. Es ist eine perfekte Ausrede dafür, dass Sie in Ihrem Leben nicht vorankommen. Sie geben so die Verantwortung für Ihr Leben an andere ab. Die anderen sind schuld daran, dass Ihr Leben nicht nach Ihren Wünschen verläuft, denn schließlich haben Sie ja keine Zeit für sich …

Susanne warf einen Blick auf ihren Terminkalender. Jeder Tag war voll mit Verpflichtungen – für die Kinder, für den Mann, für Freunde, für den Kegelclub und sogar für entfernte Bekannte. Wie sollte sie nur all ihre weiteren Aufgaben erledigen? Im Wohnzimmer herrschte das Chaos: Spielzeug, Bügelwäsche, Zeitschriften, Werbeprospekte, Gläser, Flaschen, zerrissene Verpackungen von Süßigkeiten – alles wild verstreut. Die Küche müsste auch mal wieder auf Vordermann gebracht werden, ebenso die weiteren Zimmer.

Sie erinnerte sich zurück an ihre Studienzeit. Was hatte sie damals für hochgesteckte Ziele und Pläne! Doch dann war alles ganz anders gekommen. Aus der Traum – endgültig. Sie hatte nun täglich so viel Wichtiges zu erledigen. Für Träumereien war da kein Platz. »Diese vielen Verpflichtungen lassen mir ja buchstäblich keine Zeit«, redete sie sich selbst ein. »Bei diesem ganzen Druck ist es ja nun wirklich nicht möglich, dass ich mich auch noch um einen Abendkurs für mich kümmere.«

Auf den ersten Blick mag dies eine durchaus plausible Erklärung sein. Doch auf den zweiten Blick ist es eine Flucht vor der Verantwortung – und zwar der Verantwortung für das eigene Leben. Gehören Sie vielleicht auch zu der Sorte

Menschen, die ständig unterwegs sein müssen, die ständig in Bewegung sind? Überall dabei sein und stets mitten drin ist ihre Devise. So wird die Freizeitgestaltung zum wahren Freizeitstress. Sie haben keine ruhige Minute. Zum Glück, denn wenn sie zur Ruhe kommen, wissen sie nichts mit sich anzufangen. So ist ihr Kalender voll mit angeblich wichtigen Terminen. Doch all diese Einträge und Beschäftigungen haben einen Zweck, und der lautet: »All diese Termine sind schuld daran, dass ich mein Leben nicht so gestalten kann, wie ich es möchte! IHR seid es, die es mir unmöglich machen, mein eigenes Leben zu leben. IHR seid verantwortlich dafür, wie mein Leben verläuft!«

Termine bis zum Umfallen – eine wunderbare Strategie, um die Verantwortung für Ihr eigenes Leben abzugeben. Doch ist es das, was Sie wirklich wollen? Wie fühlt es sich an, wenn das Leben praktisch an Ihnen vorbeiläuft? Denken Sie gelegentlich: »Ich werde gelebt?« Möchten Sie gern wieder selbst bestimmen, wie Ihr Leben verläuft? Dann ist es an der Zeit für neue Gedanken.

Erinnern Sie sich daran: Ihre Gedanken bestimmen, was Sie erleben. Es sind nicht die Dinge, die Verpflichtungen, die Termine, die Ihr Leben beschwerlich machen. Es sind Ihre Gedanken hierüber.

Also sehen wir doch einmal genauer hin, welche Gedanken hier zu finden sind und wo der Fokus bisher lag.

»Diese vielen Verpflichtungen lassen mir ja buchstäblich keine Zeit.«

Wie fühlt sich dieser Gedanke an? Fühlen Sie sich irgendwie unwohl, enttäuscht, überfordert? Es ist egal, wie Sie dies Gefühl benennen. Wichtig ist lediglich, dass Sie die Richtung des Gefühls erkennen: positiv oder negativ. Denken Sie daran, dass dieses Gefühl jene Frequenz ist, die vom Gesetz der Anziehung mit Gleichem beantwortet wird. In diesem Fall wird es Ihnen noch mehr Ereignisse, Personen oder Dinge liefern, durch die Sie sich unwohl fühlen. Dies wird Ihren Eindruck »Ich habe keine Zeit« noch verstärken. So setzt sich die Kette fort, bis Sie Ihre Frequenz ändern.

Fangen Sie einfach klein an. Sie möchten mehr Zeit. Was möchten Sie in dieser Zeit tun? Vielleicht endlich mal das Buch lesen können, von dem alle so schwärmen? Dann richten Sie nun also Ihre Gedanken und Ihren Fokus hierauf aus. Dies ist wie bei der Bestellung im Restaurant. Statt sich zu beklagen, geben Sie nun eine konkrete Bestellung ganz nach Ihren persönlichen Wünschen auf.

Ihren Gedanken »Ich habe keine Zeit« ersetzen Sie nun durch einen Gedanken, der genau das Gegenteil ausdrückt, zum Beispiel: »Ich möchte gern dieses Buch lesen, und ich habe die Zeit dafür. Es werden sich ausreichend Möglichkeiten ergeben, die mir den gewünschten Freiraum dazu einräumen.« Wie fühlt sich das an?

Und nun stellen Sie sich bildlich vor, wie Sie an Ihrem Lieblingsplatz sitzen, wo Sie gemütlich und in Ruhe Ihr Buch lesen. Fühlen Sie dieses innere Wohlbefinden und die Zufriedenheit. Und dann erfreuen Sie sich so oft und so lange wie möglich an dieser Aussicht: Ja, es ist möglich, das Buch zu lesen!

Vertrauen Sie auf das Gesetz der Anziehung. Es wird Ihnen garantiert das Gewünschte liefern. Es muss! Jeder positive Gedanke, Ihre Vorfreude, Ihre Erwartung bringen Ihren Wunsch sichtbar in Ihr Leben. Doch jeder negative Gedanke, jedes Zweifeln oder Ärgern machen die Erfüllung für Sie unsichtbar.

Wahrscheinlich werden Sie im Moment keinen blassen Schimmer haben, wo Sie die Zeit für das Buch hernehmen sollen. Das ist auch absolut unwichtig. Kümmern Sie sich nicht um das »wie«. Kümmern Sie sich lediglich um Ihre Vorfreude. Achten Sie auf die vielen kleinen Hinweise, die Ihnen begegnen. So hören Sie vielleicht vermehrt um sich herum den Titel des Buches, finden einen Artikel darüber, oder eine Freundin bietet von sich aus an, es Ihnen zu leihen. All diese Begebenheiten sagen Ihnen: Sie sind auf dem besten Weg, Ihr Ziel zu erreichen. Bleiben Sie dran! Das Gesetz der Anziehung wird Sie mit solch einer perfekten Erfüllung Ihres Wunsches überraschen, auf die Sie selbst im Traum niemals gekommen wären.

»Bei diesem ganzen Druck ist es ja nun wirklich nicht möglich, dass ich mich auch noch um einen Abendkurs für mich kümmere.«

Wenn Sie solche Gedanken denken, dann kann und wird sich in Ihrem Leben nichts ändern. Die Hauptfrage ist jedoch: Wollen Sie wirklich etwas ändern? Oder ist es gerade so bequem, diese perfekte Ausrede zur Hand zu haben, um sich nicht (auch noch) um das eigene Leben kümmern zu müssen?

Möchten Sie die Verantwortung für Ihr Leben wirklich gern abgeben? Wie fühlt sich das an für Sie? Erleichternd – oder doch eher unfrei und einengend? Vielleicht geben Sie die Verantwortung nur ab, weil Sie Angst vor möglichem Versagen haben? Oder weil Ihnen Ihre Ziele schwer erreichbar erscheinen und Sie auf diese Weise gar nicht erst versuchen müssen, sich auf den Weg dorthin zu machen? Erklärungen hierfür gibt es sicherlich viele, doch diese spielen letztendlich keine Rolle. Einzig wichtig ist, was Sie denken. Allein darauf kommt es an. Wenn Sie denken: »Es geht nicht«, dann wird es genau so sein.

Stellen Sie sich vor, das Gesetz der Anziehung würde auf jeden Ihrer Gedanken antworten: »Okay, so sei es!« Das ergäbe folgendes Szenario:

Sie denken: »Es geht nicht.« Darauf antwortet das Gesetz der Anziehung: »Okay, so sei es!«, und es liefert Ihnen Erlebnisse, welche Ihre Aussage bestätigen, nämlich dass es nicht geht. Sie sehen also, dass Sie mit Ihren bisherigen Gedanken Ihre Situation nur noch bestärken. Was ist also zu tun? Finden Sie neue Gedanken! Finden Sie einen Gedanken, der sich besser anfühlt. Der Gedanke: »Es geht nicht« wird in Ihnen kaum wohlige Gefühle verursachen. Wie wäre es mit »Irgendwie wird es schon klappen.« Oder: »Ich wünsche mir/ich weiß, dass es klappen kann.« Fühlt sich doch gleich besser an, oder?

Ich kann mir gut vorstellen, dass Sie es bisher gewohnt waren, viele negative Gedanken zu hegen. Die meisten Menschen haben diese Art zu denken. Somit erleben Sie um sich herum ständig die Bestätigung, dass dieses Denken richtig ist. Schließlich sind die anderen ja auch damit beschäftigt, sich Sorgen zu machen, zu kritisieren, zu zweifeln, Fehler, Versagen und Hindernisse anzuprangern sowie Unrecht zu bekämpfen. Doch diese Art zu denken hat noch niemandem gute Dienste erwiesen. Dies würde dem Gesetz der Anziehung widersprechen. Wenn Sie negative Gedanken haben, können Sie kein positives Ergebnis erwarten.

Ob in Ihrem Leben etwas möglich oder unmöglich ist, hängt nicht von Ihren derzeitigen äußeren Umständen ab, sondern lediglich davon, wie Sie darüber denken! Egal, was Sie denken, Sie erhalten stets als Antwort: »So sei es!« sowie das entsprechende Erlebnis dazu. Alles, was Sie erleben, ist immer das perfekte Gegenstück zu Ihren vorherigen Gedanken. Immer!

Sie möchten also beispielsweise einen Abendkurs belegen, aber Ihr derzeitiger Terminkalender lässt dafür keinen Platz. Dies ist Ihr Startpunkt, und der Abendkurs ist Ihr Ziel. Finden Sie nun einen Gedanken hierzu, der sich gut anfühlt, zum Beispiel: »Der Kurs ist mir wichtig. Ich wünsche mir, dass ich ihn besuchen kann.« Dann stellen Sie sich vor, wie Sie an dem Kurs teilnehmen. Fühlen Sie die Vorfreude auf das bevorstehende

Erlebnis. Versuchen Sie nun, noch weitere Dinge zu finden, die Ihnen Freude bereiten. Diese müssen nicht unbedingt mit dem Kurs im Zusammenhang stehen. Erlaubt ist jedes beliebige Thema, unter der Voraussetzung, dass es Sie gut fühlen lässt. Sehen Sie sich um, mit der festen Absicht, Positives zu entdecken und sich einfach gut zu fühlen.

Sie sehen: Es ist ganz einfach, eine Veränderung in Ihrem Leben zu bewirken, ganz ohne Kampf oder Streiterei. Es ist lediglich ein neues Denken erforderlich. Und gleichzeitig wird sich Ihr Befinden mit verändern, da die positiven Gedanken unweigerlich positive Gefühle in Ihnen verursachen. So werden Sie sich Stück für Stück besser fühlen, leichter, freier, entspannter – und das alles, ohne etwas zu »tun«.

Gibt es nun noch einen Grund für Sie, die Verantwortung für Ihr Leben auf andere zu übertragen? Jetzt, wo Sie wissen, dass Sie mittels Ihrer Gedanken alles Ihren Wünschen entsprechend gestalten und regeln können? Absolute Freiheit wartet auf Sie. Worauf warten Sie?

Ärger oder Streitigkeiten vermeiden

Zu allem Ja zu sagen ist weiterhin eine geschickte Möglichkeit, um den »lieben Frieden« aufrecht zu erhalten. Diese Handlungsweise ist eine logische Konsequenz, denn aufgrund Ihres voll gepackten Tagesablaufs möchten Sie sich nicht auch noch mit ärgerlichen Auseinandersetzungen befassen.

Susanne wartete darauf, dass ihre Tochter von der Nachbarin abgeholt wurde. Diese hatte eine Tochter im gleichen Alter, und sie waren beide in der gleichen Schwimmgruppe. Es war vereinbart, dass beide Mütter wöchentlich abwechselnd die Töchter zum Training fahren. In letzter Zeit hatte dies allerdings nicht mehr so richtig geklappt. Die Nachbarin hatte letztens ständig irgendwelche kurzfristigen, dringenden Termine, sodass Susanne den Fahrdienst mehr oder weniger allein tätigte. Prompt klingelte das Telefon. Es war die Nachbarin: »*Susanne, es tut mir wirklich leid, aber ich kann die Kinder heute nicht zum Schwimmen fahren. Mein Chef hat eine wichtige Besprechung, und ich muss unbedingt dabei sein, um das Protokoll aufzunehmen. Könntest du bitte heute ausnahmsweise die Kinder fahren?*«

Susanne spürte Ärger in sich aufsteigen. Schon wieder war sie dran. »*Na ja*«*, hörte sie sich sagen,* »*kann ich machen.*« *Doch eigentlich hatte sie sich für heute etwas ganz anderes vorgenommen, aber da wurde ja nun nichts mehr draus. In ihrem Inneren tobte ein Kampf. Sie wollte so gern ihrem Ärger Luft machen, aber um des lieben Friedens willen hielt sie den Mund. Sie hatte Angst, die Nachbarin zu verärgern oder zu verletzen. Sie wollte nicht aus einer Mücke einen Elefanten machen.* »*Eigentlich ist es ja gar nicht so schlimm. Ich sollte mich nicht so kleinlich anstellen*«*, redete sie sich selbst ein.*

Wie oft schon haben Sie sich selbst bei solch einem Verhalten ertappt? Ähnliche Situationen gibt es sicherlich in allen Lebensbereichen. Ist es jedoch wirklich von Vorteil, einer Auseinandersetzung aus dem Weg zu gehen? Haben Sie dann wirklich Ihren Frieden bewahrt? Wenn Sie sich die Gefühle von Susanne ansehen, dann ist ganz klar erkennbar, dass in ihrem Inneren alles andere als Frieden herrscht.

In ihrem Inneren tobte ein Kampf ... um des lieben Friedens willen hielt sie den Mund.

Sie können vielleicht Konflikte im Außen (mit anderen) vermeiden, aber nicht die Konflikte in Ihrem Inneren. Wenn Sie immer schön Ja sagen, stehen Sie natürlich als »guter Mensch« da und verletzen nicht die Gefühle anderer Personen. Sie meinen, Sie hätten dann Ihre Ruhe und die anderen wären Ihnen weiterhin wohlgesonnen. Doch dafür verletzen Sie sich selbst. Für den äußeren Schein des Friedens zahlen Sie einen hohen Preis.

> *Das ärgerlichste am Ärger ist, dass man sich*
> *schadet, ohne anderen zu nützen.*
> Kurt Tucholsky

Nun geht es nicht darum, einen Streit vom Zaun zu brechen, zu toben oder andere anzuschreien. Vielmehr möchte ich Sie anregen, die möglichen Gedanken hinter dieser Verhaltensweise zu erkennen und diese zu verändern. Sie wissen ja inzwischen: Veränderte Gedanken erzeugen andere

Gefühle und führen somit zu einem veränderten Erleben. Vielleicht war Ihr bisheriges Denken:

> Konflikte/Streiten ist schlecht.
> Ich würde damit andere verletzen oder verärgern.

Dies führt zu weiteren Schlussfolgerungen:

> Ich bin schuld am Erleben des Anderen. Ich bin verantwortlich dafür.
> Meine eigenen Wünsche sind nicht so wichtig.

Zuerst einmal könnten Sie hier erkennen, dass all diese Gedanken eines gemeinsam haben: Sie fühlen sich schlecht an. Jetzt erinnern Sie sich bitte wieder an das Gesetz der Anziehung. Negative Gefühle werden mit Gleichem beantwortet. Daher werden die weiteren Ereignisse in Ihrem Leben Ihre derzeitige Gefühlslage bestärken oder vermehren. Das Gesetz der Anziehung muss Ihnen weiteres Negatives liefern. Aus diesem Grund ist es vorrangig erforderlich, Ihre derzeitigen Gedanken in positivere Bahnen zu lenken. Hierbei hilft Ihnen die Schlüsselfrage: Was will ich stattdessen? Finden Sie passende Worte hierfür, zum Beispiel: gegenseitigen Respekt, produktiven Meinungsaustausch, Verständnis füreinander, harmonisches Miteinander. Fühlt sich doch gleich besser an, oder? Dieses bessere Gefühl ist nun eine gute Basis, um Ihre bisherigen negativen Gedanken Stück für Stück mit positiveren zu ersetzen:

- Konflikt/Streiten ist schlecht.
- Ich könnte damit andere verletzen oder verärgern.
- Streit muss nicht laut sein. Man kann auch sachlich bleiben.
- Es muss nicht unbedingt zu einem Streit kommen, wenn ich meine Meinung sage.
- Der andere merkt vielleicht gar nicht, dass ein Konflikt vorliegt.
- Der andere ist kein Hellseher. Er hat keine Ahnung von meinen Gedanken.
- Meine Meinung ist genauso wichtig wie seine.
- Wir haben beide das gleiche Recht, unsere Meinung zu äußern.
- Was der andere von meiner Meinung hält, ist seine Sache.
- Ich bin nicht für seine Reaktion verantwortlich.
- Ich bin nicht schuld, wenn er enttäuscht ist oder sich verletzt fühlt.
- Es ist allein sein Denken, das seine Gefühle auslöst.
- Im Vorfeld kann ich lediglich Vermutungen über seine Reaktion anstellen.
- Meine bisherigen Erfahrungen engen meine Sicht der Möglichkeiten ein.
- Es sind durchaus auch positive Reaktionen möglich.
- Ich halte es für möglich, dass er meine Meinung akzeptieren kann.
- Ich darf selbst Wünsche haben und diese frei äußern.

> Ich nehme mir vor, meinen Fokus zielgerichtet auf meine Wünsche auszurichten.
> Wenn ich meine Ziele und mein Wohlbefinden im Auge behalte, dann werden sich die passenden Lösungen ergeben.
> Für mein Erleben bin ich ausschließlich selbst verantwortlich.
> Ich bin frei und unabhängig von anderen.

Es geht vorrangig nicht darum, etwas zu tun. Es ist zuallererst nötig, dass Sie sich auf Ihr gewünschtes Ziel ausrichten. Der Anfang jeglicher Veränderung liegt ausschließlich in Ihren Gedanken.

Frieden und Ärger haben zwei grundlegend verschiedene Frequenzen. Sie können äußeren Frieden nur erleben, wenn Sie zuvor innerlich einen friedlichen, freudvollen Zustand erreicht haben. Bringen Sie also mehr Zufriedenheit in Ihr Leben. Es gibt um Sie herum vielerlei Dinge, die Gefühle der Zufriedenheit beziehungsweise Wohlbefinden in Ihnen auslösen können. Richten Sie Ihre Aufmerksamkeit bewusst auf alles, was Sie gut fühlen lässt. Nur durch eine positive Ausrichtung Ihrer Gedanken und Gefühle wird das Negative in Ihrem Leben Stück für Stück unsichtbar.

Gespräche und Meinungsaustausch sind natürlich wichtig für ein harmonisches Miteinander. Doch haben Sie schon einmal daran gedacht, das bevorstehende Gespräch vorab nach Ihren Wünschen zu »programmieren«? Es handelt sich hier nicht darum, etwas zu manipulieren. Es geht darum, dass Sie sich bewusst auf Ihre Wünsche ausrichten. Diese Ziele lösen in Ihnen positive Gefühle aus wie etwa Freude und Wohlbefinden. Und wenn es Ihnen gut geht, dann profitiert auch Ihr Umfeld hiervon. Sie können also mit einer »Programmierung« niemandem schaden.

Bringen Sie Ihre Phantasie auf Touren und lassen Sie innerlich ganz klare Bilder davon erscheinen, wie Sie sich das bevorstehende Gespräch wünschen. Achten Sie hierbei auf Ihre Gefühle. Kreieren Sie ein Gespräch voller Harmonie, gegenseitigem Verständnis, Respekt und Anerkennung. Zuerst müssen Sie Ihr Ziel in Gedanken erschaffen, und erst dann können Sie es real erleben.

Mit dieser kleinen »Vorarbeit«, die wirklich nur wenige Minuten beansprucht, sind Sie bestens ausgerüstet für eine Lösung der Situation auf angenehmste, leichteste und beste Weise. Wenn Sie die Macht Ihrer Gedanken und Gefühle nutzen, dann steht Ihnen eine Welt der unbegrenzten Möglichkeiten offen! Welche Art von Gedanken wählen Sie?

Bisher waren Sie vielleicht gewohnt, über die meisten Dinge und Personen negativ zu denken. Doch jetzt wissen Sie, was Sie mit diesen Gedanken in Ihrem Leben auslösen. Entscheiden Sie sich dafür, ab sofort anders zu denken. Entscheiden Sie sich dafür, bewusst in allem etwas Positives zu finden.

Gedanken sind frei. Nutzen Sie diese Freiheit und denken Sie nur noch das, was Sie gern erleben möchten. Nur das, was Sie denken, kann in Ihrem Leben eine Form annehmen. Ihr Leben besteht aus Ihren Gedanken!

»Everybody's darling« sein wollen

Denken Sie: »Wenn ich immer Ja sage, werde ich von allen gemocht. Jasagen macht mich beliebt«? Sehen Sie einen Vorteil darin, bei allen beliebt zu sein? Sind Sie von dieser Beliebtheit abhängig?

Bei allen beliebt zu sein bedeutet, es allen recht machen zu müssen. Das ist ein riesiges und anstrengendes Unterfangen. Zuerst müssen Sie von jeder einzelnen Person herausfinden, welche Bedürfnisse und Wünsche sie hat. Danach gilt es, all Ihre Kraft für deren Umsetzung einzusetzen. Wie lange können Sie dies durchhalten? Machen Sie sich mit diesem Verhalten wirklich beliebt?

Wenn Sie ständig Ja sagen, um bei anderen beliebt zu sein, zahlen Sie dafür einen hohen Preis: Sie vernachlässigen sich selbst in großem Maß und verleugnen Ihre eigenen Bedürfnisse. So führen Sie ständig ein Leben im Schatten der anderen. Sie haben praktisch kein eigenes Leben, da Sie ja ununterbrochen für andere unterwegs sind. Wollen Sie wirklich so leben?

Und noch eins: Menschen, die stets aufgesetzt freundlich sind und immer gute Miene zum bösen Spiel machen, werden von anderen nicht ernst genommen. Oder was halten Sie von Personen, die zu allem Ja und Amen sagen? Jene, die keine eigene Meinung haben, immer verkrampft lächeln und scheinbar immer freundlich sind? Wie viel Zeit würden Sie gern mit solch einem Menschen verbringen?

So läuft es oftmals darauf hinaus, dass diese Jasager-aus-Beliebtheitsdrang belächelt und von den anderen als williges Werkzeug zum Verrichten unliebsamer Tätigkeiten regelrecht benutzt werden. Und darin kann nun wirklich kein Vorteil mehr liegen. Niemand möchte von anderen »benutzt« werden.

Wenn Sie also auffallend häufig von vielen Personen um Sie herum um Hilfe und Gefälligkeiten gebeten werden, dann bedeutet das in den wenigsten Fällen, dass Sie sehr beliebt sind. Es bedeutet eher, dass Sie sich zum Spielball der anderen machen, nach deren Pfeife tanzen sowie deren Wünsche und Bedürfnisse in den Vordergrund stellen.

> *Unkritische Pflichterfüllung birgt die Gefahr,*
> *zum nützlichen Idioten zu werden.*
> PROF. QUERULIX, DEUTSCHER APHORISTIKER
> UND SATIRIKER

Versuchen Sie zu erkennen, dass Beliebtheit nicht von außen kommen kann, sondern nur von innen – aus Ihnen selbst. Wie können Sie dies erreichen? Indem Sie die Grundlagen anwenden!

Auch in diesem Fall können Sie auf die wunderbare Hilfe des Gesetzes der Anziehung vertrauen: Ihr Erleben entspricht akkurat Ihren zuvor ausgesendeten Gedanken. Und genau hier liegt Ihr Ansatzpunkt. Sie müssen jetzt neue, positivere Gedanken finden – und zwar Gedanken über sich selbst!

Wie denken Sie über sich? Halten Sie sich für zielstrebig und selbstbewusst? Kennen Sie Ihre eigenen Wünsche und Bedürfnisse? Was beziehungsweise wer steht in Ihrem Leben an erster Stelle?

Halten Sie einfach kurz inne und sehen Sie sich Ihre Gedanken an. Wie fühlen Sie sich dabei?

Wenn Sie sich gerade bei Ihren Gedanken über sich selbst nicht wohl gefühlt haben, dann wissen Sie, dass sich Ihre gedankliche Ausrichtung im negativen Bereich befindet. Ferner wissen Sie, dass ein negativer Fokus ausschließlich negative Erlebnisse anzieht.

Es ist völlig unerheblich, aus welchem Grund Sie ein negatives Bild von sich haben. Es ist nicht nötig, die Wurzeln für dieses Verhalten zu suchen oder auszugraben. Sie müssen keinesfalls in frühere etwaige »Kindheitsdramen« eintauchen. Ihre ganze Macht liegt im Jetzt. Es geht lediglich darum, jetzt neue Gedanken zu denken.

Bitte erinnern Sie sich so oft wie möglich an diesen Satz: »Alles, was mir passiert, ist lediglich die Antwort auf meine vorausgegangene Aussendung.«

Also, fangen Sie an. Machen Sie sich bei sich selbst beliebt. Was gibt es an Ihnen alles Positives zu entdecken? Suchen Sie bewusst nach liebenswerten Eigenschaften an sich, seien es nun äußerliche Merkmale oder innere Begabungen: Ihre seidigen Haare, Ihre strahlende Augenfarbe, Ihre weiche Haut, Ihre schönen Hände – und ebenso Ihr Sinn für Humor, Ihr Organisationstalent, Ihr guter Umgang mit Zahlen, Ihre Kreativität … Es gibt sicherlich viel Positives an Ihnen zu entdecken. Je mehr Zeit Sie sich hierfür nehmen, umso deutlicher werden die Auswirkungen sein. Finden Sie so viel Positives wie möglich und genießen Sie die daraus entstehenden Gefühle.

Ich möchte Ihnen raten, dass Sie all diese neuen Gedanken über sich aufschreiben. So können Sie diese Notizen jederzeit wieder zur Hand nehmen, um sich immer wieder daran zu erinnern. Auf diese Weise machen Sie sich diese (bisher neuen) Gedanken zur Gewohnheit, was dazu führt, dass diese positive Ausrichtung dann vorherrschend ist und dementsprechend positive Erlebnisse anzieht.

Und nun sehen Sie, wie sich das Erleben verändern könnte anhand der vorherigen Szene mit der Nachbarin.

Vorher:
... Prompt klingelte das Telefon. Es war die Nachbarin: »Susanne, es tut mir wirklich leid, aber ich kann die Kinder heute nicht zum Schwimmen fahren ... Könntest du bitte heute ausnahmsweise die Kinder fahren?« Susanne spürte Ärger in sich aufsteigen. Schon wieder war sie dran. »Na ja«, hörte sie sich sagen, »kann ich machen.« Doch eigentlich hatte sie sich für heute etwas ganz anderes vorgenommen, aber da wurde ja nun nichts mehr draus. Sie fühlte sich elend und ihre Stimmung sank auf den Nullpunkt.

Eine mögliche neue Variante:
Susanne fühle sich matt und energielos. Wieder einmal hatte sie ihre Zeit und Kräfte für andere verausgabt. Sie hatte es nun endgültig satt, ständig den Hampelmann zu spielen. »Jetzt ist Schluss!«, dachte sie voller Entschlossenheit. »Ab

jetzt bin ich auch mal dran. Ich bin nicht hier, um die Bedürfnisse von anderen zu erfüllen. Ich habe ein eigenes Leben.« Dann setzte sie sich an den Tisch und erstellte eine Liste mit all ihren Wünschen, Zielen und Fähigkeiten. Sie war überrascht, wie viel ihr dazu einfiel. Sie fühlte sich erstaunlich leicht, heiter und zuversichtlich.

Ihr Blick fiel auf die Uhr. Es war Zeit zum Losfahren. Da klingelte das Telefon. Es war die Nachbarin: »Susanne, ich muss leider außerplanmäßig arbeiten und kann die Kinder heute nicht fahren. Ich habe aber eine gute Freundin gefragt, ob sie für mich einspringen könnte. Du hast ja sicherlich selbst etwas anderes vor und außerdem bist du in letzter Zeit schon so oft gefahren.« *Susanne traute ihren Ohren nicht.* »Wow«, *dachte sie,* »es funktioniert tatsächlich.«

Eine Person, die weiß, was sie will und sich um ihre Ziele und Bedürfnisse kümmert, sendet auch genau dies aus: Klarheit, Entscheidungsfähigkeit, Zielstrebigkeit. Nur wer sich selbst ernst nimmt, wird auch von anderen entsprechend respektiert.

> *Was jemand von sich selber denkt, das bestimmt oder vielmehr zeigt an, was sein Schicksal ist.*
> HENRI DAVID THOREAU

Ihr bisheriges Denken »Wenn ich schlecht behandelt und ausgenutzt werde, dann ist der andere der Schuldige« ist somit hinfällig. Die Ursache für Ihr Erleben liegt IMMER in

Ihren Gedanken, also in der Frequenz, die Sie zuvor ausgesendet haben. Und dann erhalten Sie die Antwort hierauf. So ist es immer! Es gibt keine Ausnahme!

Schuldgefühle vermeiden

Kommen wir nun zum wahrscheinlich häufigsten Grund, der zum Jasagen verleitet: Sie meinen, wenn Sie Ja sagen, haben Sie Ihre Ruhe – zumindest für den Moment. Wenn Sie jedoch Nein sagen, vermuten Sie, sich rechtfertigen zu müssen. Sie denken, Ihr Jasagen könnte vermeiden, Erklärungen abgeben beziehungsweise Argumente oder gar Ausreden finden zu müssen, um sich durchsetzen zu können. Sie befürchten, Ihr Gegenüber würde alles daran legen, seine Hilflosigkeit zu demonstrieren, sodass Sie sich schlecht und schuldig fühlen, wenn Sie seinen Bitten nicht nachkommen.

Andere Personen können teilweise sehr erfinderisch darin sein, jede Menge schlimme Konsequenzen aufzuzeigen, an denen Sie dann schuld sind, weil Sie nicht helfen wollten. Um die daraus entstehenden Schuldgefühle zu vermeiden, sagen Sie dann Ja. Sie wollen schließlich nicht am Unglück anderer schuld sein. Sie wollen sich nichts Schlechtes nachsagen lassen.

Diese enorme Last möchte ich Ihnen ein für allemal nehmen: Sie können NIEMALS am Erleben anderer schuld sein! Das würde nämlich den Grundlagen widersprechen. Es wäre gegen das Gesetz der Anziehung – also unmöglich!

Erinnern Sie sich: Was Sie aussenden, kommt zu Ihnen zurück. Das bedeutet, dass Sie allein der »Verursacher« all dessen sind, was Ihnen im Leben widerfährt. Dies gilt für jeden, immer und überall.

Sie können immer nur auf Ihr eigenes Leben Einfluss nehmen. SIE denken Ihre Gedanken – niemand anderes kann dies für Sie tun. Es sind immer nur Ihre Gedanken, die in Ihrem Leben Gestalt annehmen. Und alles, was jemand anderes denkt, hat auf Ihr Erleben keinen Einfluss. Gedanken von anderen können nur auf das Leben der anderen einwirken.

Das heißt im Klartext: Im Leben von anderen können Sie nichts erschaffen oder abschaffen! Darin liegt unsere wunderbare, grenzenlose Freiheit. Jeder ist tatsächlich seines eigenen Glückes Schmied. Niemand hat Einfluss auf Ihr Leben, und Sie haben keinen Einfluss auf das Leben anderer. Jeder gestaltet sein Leben selbst – aufgrund seiner Gedanken, die absolut präzise vom Gesetz der Anziehung mit Gleichem (mehr Positives oder mehr Negatives) beantwortet werden. So funktioniert alles in diesem Universum.

> *Erfolg oder Versagen ist eher die Folge*
> *unserer geistigen Einstellung*
> *als unserer geistigen Fähigkeiten.*
> WALTER SCOTT

Da Sie nun nicht im Kopf anderer denken können, können Sie niemals für das Erleben anderer irgendeine Schuld tragen. Jeder von uns bestimmt mit seinen ganz eigenen, persönlichen Gedanken, wie sich sein Leben gestaltet! Jeder!

Jene, die diese Grundlagen nicht kennen, gehen meistens wie folgt vor: Sie bestimmen zwar ihr Ziel, doch sie richten ihren Fokus nicht hierauf aus. Sie sehen vorrangig die derzeitige Ist-Situation und beschäftigen sich gedanklich hauptsächlich mit all den Dingen, die nicht ihren Wünschen entsprechen. Da sie keine Ahnung haben, dass die Zustände in ihrem Leben das Produkt ihrer eigenen Gedanken sind, meinen sie, dass sie durch Handeln ein besseres Ergebnis erzielen können. Statt ihre Gedanken zu verändern, sind sie überzeugt, noch härter arbeiten zu müssen, noch mehr tun zu müssen – und natürlich noch viele weitere unfreiwillige Helfer in diese Situation mit hinein zu ziehen. Für alles, was schief läuft, wird anderen die Schuld zugeschoben. Doch die Ursache für alles liegt ausschließlich in ihnen selbst – in ihren eigenen Gedanken.

Ich möchte an dieser Stelle nochmals betonen: KEINE Handlung der Welt kann jemals eine negative Ausrichtung ausgleichen!

Erfolg und Versagen hängen nicht vom Handeln, sondern von der eigenen inneren Einstellung ab. Lassen Sie sich von anderen keine Verantwortung zuschieben, sondern nutzen Sie Ihren Joker: die Kenntnis der Grundlagen. Zerbrechen Sie sich also nicht den Kopf, was Sie tun können, sondern bestimmen Sie, wie Sie sich fühlen möchten.

Erinnern Sie sich immer wieder daran, die Abschnitte Ihres Tages im Vorfeld zu programmieren. Wie soll der Tag ablaufen? Was möchten Sie gern erleben? Wie möchten Sie sich fühlen? Welche Begegnungen wünschen Sie sich? Halten Sie jetzt einfach kurz inne und machen Sie sich ein paar Notizen zu diesen Fragen. Schreiben Sie alles auf, was Ihnen momentan spontan dazu einfällt.

Ein konkretes Ausrichten auf Ihre persönlichen Wünsche ist der einfachste Weg, um gar nicht erst in diese Zwickmühle »Schuldgefühle« zu gelangen. Sie wissen jetzt: Wenn Sie sich konkret auf das besinnen, was Sie wollen und womit Sie sich gut fühlen, wenn Sie auf Ihre Gefühle achten und diese in einer positiven Frequenz halten, dann ist es unmöglich, dass negative Erlebnisse in Ihr Leben treten.

Eine freudvolle, heitere, positive, entspannte oder gelassene Stimmung ist definitiv kein passendes Gegenstück zu Ärger oder Schuld. Daher ist es dem Gesetz der Anziehung unmöglich, Ihnen solche Erlebnisse zu liefern. Sie erhalten immer Gleiches.

Achten Sie bitte stets auf Ihre Gedanken. Es ist Ihr Denken, dass der andere Erklärungen von Ihnen erwartet. Es sind allein Ihre Gedanken, dass Sie jemanden verletzen, enttäuschen oder Ihre Entscheidung rechtfertigen müssen. Lesen Sie jetzt nochmals den ersten Absatz dieses Themas. Beachten Sie die Formulierungen: Sie vermuten, Sie denken, Sie befürchten.

Wie wäre es mit einer Veränderung Ihres Denkens? Halten Sie auch andere Reaktionsweisen für möglich? Wie wäre es mit Gedanken, die sich besser anfühlen:

> Ich habe keine Ahnung, wie der andere reagieren wird.
> Seine Reaktion basiert auf seinem Denken.
> Ich halte es für möglich, dass der andere meine Entscheidung akzeptiert.
> Meine Wünsche sind ebenso wichtig wie seine.
> Seine Probleme hat er selbst erschaffen, durch sein Denken.
> Ich bin nicht für sein Erleben verantwortlich.

Bitte verstehen Sie dies richtig: Es geht hier nicht darum, niemandem zu helfen, sondern darum, mit diesen Grundlagen die bestmögliche Hilfe zu bieten oder zu finden. Es geht darum, Eigenverantwortung für das eigene Leben zu übernehmen und aufgezwungene Fremdverantwortung abzugeben. Das Gesetz der Anziehung bietet Ihnen hierbei weitaus mehr Hilfe, als Sie je durch Handeln erreichen könnten.

Probleme kann man niemals mit derselben Denkweise lösen, durch die sie entstanden sind.
ALBERT EINSTEIN

Nur wenn Sie zuerst Ihre Frequenz in einen positiven Bereich bringen, sind Sie auf »Empfang« für die unzähligen Wege und Möglichkeiten zur Lösung des Problems.

Susanne hetzte in letzter Minute zur Tür hinein. Das war knapp – wie immer. Nach Arbeitsschluss um ein Uhr musste sie ihren Sohn vom Kindergarten abholen. Doch oftmals kam sie nicht pünktlich aus dem Büro, sodass sie erst kurz vor Ende der Öffnungszeiten beim Kindergarten ankam. Sie hatte schon mehrfach von der Erzieherin die Aufforderung erhalten, doch bitte pünktlicher zu sein und sich an die Zeiten zu halten. Sie fühlte sich erschöpft und wünschte, dass sie diesem ewigen Stress irgendwie entfliehen konnte.

Am Abend fasste sie einen Entschluss: »Ich möchte mehr Ruhe und Ausgeglichenheit in meinem Leben.« Zugleich verspürte sie ein angenehmes Gefühl von Zufriedenheit in sich aufsteigen. Doch dann kamen ihr Zweifel. »Wie soll das gehen?«, dachte sie – und fühlte sich wieder elend.

»Nein«, dachte sie bestimmt, »Schluss mit negativen Gedanken. Ich weiß, dass es eine Lösung gibt und dass ich mein Ziel erreichen kann. Ich möchte mehr Gelassenheit erleben, das fühlt sich gut an – schon jetzt. Und nun suche ich nach Dingen, die mir Freude bereiten, und bin gespannt auf das, was das Gesetz der Anziehung mir liefern wird.«

Am nächsten Tag hetzte sie zwar wie üblich in letzter Minute durch die Eingangstür, doch dann fiel ihr Blick auf einen Zettel an der Pinnwand. Eine Mutter bot einen Ab-

holservice an. Sie würde Susannes Sohn vom Kindergarten
mit zu sich nach Hause nehmen und Susanne könnte ihn
dort dann in aller Ruhe abholen. »*Wunderbar*«, *freute sich*
Susanne. Sie notierte sich Namen und Telefonnummer und
fuhr voller Freude und Zufriedenheit nach Hause.

Statt also anderen die Verantwortung für die eigenen Probleme zuzuschieben (dem Ehemann, der Erzieherin, dem Chef), können Sie allein durch eine Neuausrichtung Ihrer Gedanken die wunderbarsten Wendungen, Lösungen und Hilfestellungen in Ihrem Leben bewirken. Nutzen Sie das Gesetz der Anziehung, um die perfekte Lösung für Ihr jeweiliges Problem in Ihrem Leben sichtbar zu machen.

Besinnen Sie sich noch einmal auf das Beispiel mit dem Radio: Alle Frequenzen sind jederzeit vorhanden, doch was Sie gerade hören, hängt von Ihrer Wahl ab. So ist es auch in Ihrem Leben. Sie können die »Problemfrequenz« wählen oder die »Lösungsfrequenz«. Je nachdem, welche Frequenz Sie ausgewählt haben, werden Sie die entsprechenden Situationen erleben – und alle anderen Erlebnismöglichkeiten sind solange für Sie unsichtbar.

Sehen Sie sich Susannes Verhalten etwas genauer an: Zuerst befasste sie sich mit ihrem Problem. Dies löste negative Gefühle in ihr aus. Dann bestimmte sie ihr neues Ziel und richtete sich konsequent hierauf aus. Sie wusste, dass sie eine Lösung finden würde, wenn sie ihre Frequenz änderte. So fragte sie sich: »Was lässt mich jetzt gut fühlen?« Sie suchte nach positiven Gedanken und nach Dingen, die ihr Freude bereiteten. Ihr einziges Ziel war: sich gut zu fühlen. Somit änderte sie ihre Gefühle von »Ärger« auf »Freude« und somit ihre Frequenz von »Problem« auf »Lösung«. So konnte sie auf sanfte und leichte Weise die perfekte Lösung erleben.

Und noch etwas: Solche Erlebnisse können Sie in allen Bereichen Ihres Lebens erfahren, und zwar immer und überall. Dadurch, dass Sie in jeder Sekunde Ihre Gedanken verändern können, haben Sie immer die Oberhand. Streitereien und Schuldzuweisungen sind wie ein zähes Gerangel darum, wer Recht hat. Wo hingegen ein fixes Umschwenken der Gedanken Ihr Erleben grundlegend verändern kann. Und dann ist es völlig gleichgültig, wer Recht hat, denn die neu sichtbar gewordenen Lösungen haben bereits alles verändert. Das ist wahre Freiheit!

Einfluss auf andere haben

Manche meinen, dass sie durch ihr Jasagen bei anderen Pluspunkte sammeln können. Sie gehen davon aus, dass sie diese »Punkte« dann (vergleichbar mit Bonusmarken im Supermarkt) für eine Gegenleistung benutzen können. Sie erwarten eine »Prämie« für ihre ständige Bereitschaft. Seltsamerweise bleiben sie jedoch auf den vermeintlich gesammelten Punkten regelrecht sitzen, denn der andere hat zur Erbringung der geforderten Gegenleistung nie Zeit …

> *Wer sich selbst treu bleiben will, kann nicht immer anderen treu bleiben.*
> CHRISTIAN MORGENSTERN

Als nächstes wird dann versucht, den anderen unter Druck zu setzen. Hierfür werden die scheinbaren Asse im Ärmel ausgespielt: Sie zählen nun all ihre Hilfeleistungen auf mit der Absicht, dem anderen ein schlechtes Gewissen zu machen.

Kennen Sie solche Situationen? Kennen Sie Sätze wie: »Das ist nun der Dank dafür!« Oder: »Wenn ich mal jemanden brauche, ist niemand da!« Vielleicht erinnern Sie sich an eigenes Verhalten ähnlicher Art. Sie haben dem anderen aufgezählt, was Sie schon alles für ihn getan haben. Sie wollten dem anderen zeigen, wie gut, aufopfernd und selbstlos Sie sind. Doch Ihre Rechnung ging nicht auf. Der andere hat Ihnen weder die geforderte Anerkennung geschenkt noch Unterstützung im Gegenzug geleistet.

Warum führt dieses Verhalten nicht zum gewünschten Erfolg? Sehen wir uns eine entsprechende Situation aus größerer Sicht an:

Susanne gehörte zu den Müttern, die stets und für jeden die rettende Lösung parat hatte. Sie sprang immer ein, wenn es nötig war. Man konnte immer auf sie zählen. So kam es, dass die Kinder aus der Nachbarschaft fast täglich mit ihren Kindern bei ihnen zu Hause verabredet waren. Andere Mütter konnten ihr Kind immer bei ihr betreuen lassen, wenn sie etwas erledigen mussten. Susanne war lange Zeit stolz auf ihre großzügige Hilfsbereitschaft. Sie hielt es für normal, sich vorrangig um andere zu kümmern. Wenn sie dies nicht tun würde, was würde dann aus den anderen werden?

Doch seit kurzem dachte sie anders darüber. Kürzlich hatte sie selbst einige wichtige berufliche Termine wahrzunehmen und bat die anderen Mütter um kurzzeitige Betreuung ihrer Kinder im Gegenzug. Doch leider erhielt sie nur Absagen. Von der erwarteten Gegenleistung war weit und breit keine Spur. Susanne fühlte sich ausgenutzt. Immer war sie für die anderen da gewesen. Und wenn sie mal Hilfe brauchte, hatte niemand Zeit.

Können Sie erkennen, wie es so weit kommen konnte? Wo liegen hier die tieferen Gründe? Welche Sicht vertreten Sie:

> Die anderen sind undankbar und deren Verhalten ist unfair.

> Susanne hat das Verhalten der anderen selbst verursacht.

Mithilfe der Grundlagen kommen wir der Sache schnell auf die Spur. Den Auslöser für Susannes Erleben bilden ihre vorrangigen Gedanken:

> Es ist meine Pflicht, mich um andere zu kümmern.

> Wenn ich mich nicht kümmere, dann tut es keiner.

> Ohne meine Hilfe wären die anderen hoffnungslos verloren.

Wie fühlen sich diese Gedanken an? Welche Motivation steckt dahinter? Handelt es sich um freudvolles oder verpflichtetes Handeln? Den Unterschied in der Motivation können Sie ganz klar erkennen, wenn Sie darauf achten, welches Gefühl der entsprechende Gedanke in Ihnen auslöst.

Ein freudvolles Handeln fühlt sich immer gut an. Was immer auch zu tun ist, Sie tun es gern, voller Freude, also aus dem Herzen. Sie sagen Ja, weil Sie es auch wirklich tun wollen. Es macht Ihnen Spaß, und Sie fühlen sich bestens. Ihre Frequenz ist somit im positiven Bereich, und Sie werden mehr hiervon als Antwort erhalten. So würde Susanne zum Beispiel die gewünschte Hilfe erhalten oder sonstige Erlebnisse haben, die ihr Freude bereiten.

Ein verpflichtetes Handeln jedoch bringt Ihnen negative Gefühle. Gedanken wie »ich muss«, »ich sollte« oder »wenn nicht ich, dann macht es keiner« belasten – und fühlen sich ebenso an. Sie haben zwar Ja gesagt, fühlen aber ein großes Nein. Ihre Gefühle zeigen Ihnen, dass sich Ihre Frequenz im negativen Bereich befindet – und Sie werden mehr hiervon als Antwort erhalten. Dies zeigt sich deutlich in Susannes Situation. Sie erhält Absagen sowie weitere unerfreuliche Erlebnisse.

Somit ist Klarheit über Ihre Motivation grundlegend wichtig für die weitere Entwicklung der jeweiligen Situation. Tun Sie etwas aus dem Herzen, wird mehr Herzliches zurückkommen. Handeln Sie jedoch nur aus Pflichtgefühl, werden Sie mehr Verpflichtendes als Antwort erhalten.

An dieser Stelle möchte ich nochmals ganz klar deutlich machen: Helfen ist etwas Wunderbares! Gegenseitige Unterstützung und Hilfestellung braucht jeder von uns. Und gerade diese vielfältigen Facetten der unterschiedlichsten Wünsche und Ziele machen unser Erleben so bunt und abwechslungsreich. Wir können alle so viel voneinander lernen. Aber eins ist wichtig: Seien Sie stets mit dem Herzen dabei. Schenken Sie in erster Linie aufrichtige Aufmerksamkeit, Respekt, Zuwendung und Anerkennung; an zweiter Stelle kommt dann Ihre liebevolle Unterstützung.

Wenn Sie aus dem Herzen heraus helfen, dann fühlt sich dies immer richtig gut für Sie an. Sie sind mit Freude und Liebe bei der Sache, die Zeit vergeht wie im Flug, Sie haben jede Menge Spaß und Erfolg. Sie fühlen sich leicht und durch eine neue, wunderbare Erfahrung bereichert.

Dieses wunderbare Wohlbefinden ist wie ein unendlicher Strom an positiven Gefühlen, Erfolg, Inspiration, Kreativität und Leistungsfähigkeit. In dieser Frequenz fließt Ihnen alles, was Sie benötigen, auf leichte und einfache Weise zu. So ist das Leben gedacht: Leben Sie Freude und Ihr Leben wird die reinste Freude sein.

Wenn Sie dies jetzt lesen, ist in Ihrem Leben vielleicht gerade nicht viel von Freude zu finden. Doch egal, in welch scheinbar verpflichtenden Situationen Sie sich befinden, Sie können jegliche Situation in ein freudvolles Erlebnis verwandeln. Sowie Sie Ihre Sicht und Ihr Denken über die entsprechende Sache ändern, wird sich automatisch Ihr Erleben in gleicher Weise ändern.

Die Macht Ihrer Gedanken ist so grandios, dass Sie alles (wirklich alles!) nach Ihren ganz speziellen Wünschen gestalten können. Wie fühlt sich dieser Gedanke jetzt gerade für Sie an? Können Sie die Erleichterung und Freiheit fühlen?

Für eine neue Sicht der Situation können Ihnen die Grundlagen und das Gesetz der Anziehung eine große Hilfe sein. Was wollen Sie wirklich? Bringen Sie Ihre Gedanken Stück für Stück in eine positivere Richtung:

› Ich fühle mich ausgenutzt.

› Meine Leistung wird nicht anerkannt.

› Ich fühle mich verpflichtet, zu helfen.

› Dieses Pflichtgefühl ist nur altes Denken.

› Ich kann meine Gedanken jederzeit ändern.

› Ich suche jetzt nach Gedanken, die sich besser anfühlen.

› Mein derzeitiges Erleben ist nur die Antwort auf meine vorherige Frequenz.

› Diese Situation hat mir gezeigt, was ich nicht will.

› Ich kann jetzt ganz klar bestimmen, was ich stattdessen will: Freiheit!

› Ich bin für das (Er-)Leben anderer nicht verantwortlich.

› Deren Erfolg hängt nicht von mir (meinem Handeln) ab.

› Das Gesetz der Anziehung steht jedem zur Verfügung.

› Jeder bestimmt sein Leben allein durch seine ausgesendete Frequenz.

› Ich kann für andere keine Frequenz aussenden.

› Ich kann im Leben anderer nichts erschaffen oder abschaffen.

› Ich bin frei von Verantwortung und Pflichten.

› Ich bin nicht auf andere angewiesen.

› Ich entscheide mich nur noch für das, was sich gut anfühlt.

> Ich kann in allem etwas Positives erkennen.
> Ich richte mich konsequent auf freudige Gefühle aus.
> Mein wichtigster Job ist, mich wohl zu fühlen.
> Ich halte meine Frequenz in einem positiven Bereich.
> Auf diese Weise werden neue Wege und Lösungen sichtbar.
> Etwa nötige Hilfe ergibt sich von selbst, und zwar mit Leichtigkeit.
> Ich freue mich auf die wunderbare neue Entwicklung in meinem Leben.

Die beste Hilfe, die Sie geben können, ist jene, die aus Ihrem Herzen kommt. Dies gelingt Ihnen am besten, wenn Sie stets das Positive sehen können und mit Freude bei der Sache sind. Die Frequenz Ihrer Motivation (Freude oder Pflicht) hat grundlegenden Einfluss auf Ihr Handeln. Wenn Sie nicht mit Freude dabei sind, dann gibt es zwei Möglichkeiten:

1. Lassen Sie es sein.
2. Ändern Sie Ihre Sicht, suchen Sie nach etwas Positivem an der Sache und richten Sie Ihren Fokus ausschließlich hierauf. Auf diese Weise wird Ihr Handeln für alle Beteiligten zu einem erfreulichen Erlebnis.

Die vorangehenden Beispiele haben gezeigt: Die vermeintlichen Vorteile sind in Wirklichkeit Nachteile. Sie haben

Ja gesagt, aber fühlen sich schlecht dabei. Negative Gefühle sind immer von Nachteil, denn sie ziehen mehr Negatives nach sich. Sie sind also schlecht beraten, wenn Sie Ihre negativen Empfindungen unterdrücken oder missachten.

Wenn Sie sich durch andere zu etwas verleiten lassen, das in Ihnen negative Gefühle entstehen lässt (etwa durch Hilfe-Zusagen), zahlen Sie einen hohen Preis dafür:

> In einer negativen Stimmung können Sie kaum kreative Hilfe bieten.

> Ihre negativen Gefühle bringen mehr Negatives in IHR Leben – nicht in das der anderen.

Auf diese Weise ist keinem wirklich geholfen. Oftmals kommt es zusätzlich noch zu Streitereien, Ärger oder sonstigen Auseinandersetzungen, was die negativen Empfindungen noch verstärkt.

So wenden Sie jede Menge Zeit und Kraft für andere auf. Für Sie selbst und die Ihnen wichtigen Dinge bleibt dann hiervon kaum noch etwas übrig. Ihre vielfältigen Verpflichtungen verursachen Stress und Hektik, was zu Unzufriedenheit und Fehlern führen kann. Und sicherlich ärgern Sie sich gelegentlich darüber, wieder einmal Ja gesagt zu haben.

All dies erzeugt vielerlei negative Gefühle in Ihnen, die vom Gesetz der Anziehung mit Gleichem beantwortet werden: mehr Negatives und somit mehr Gründe, sich schlecht zu fühlen. Hier zeigt sich wieder einmal ganz klar: Die Art Ihrer Gedanken bestimmt Ihr Leben!

Werden Sie aktiv und nutzen Sie das Gesetz der Anziehung für eine Neugestaltung Ihres Lebens. Das einzige, was Sie hierfür tun müssen, ist: Bringen Sie mehr Freude in Ihr Leben! Haben Sie Spaß, Spaß und nochmals Spaß – und den Rest erledigt das Gesetz der Anziehung für Sie! So einfach kann das Leben sein!

Der Mensch bringt täglich sein Haar in Ordnung,
warum nicht auch seine Gedanken?
Indische Weisheit

5 Stolpersteine aus dem Weg räumen

Wissen Sie, welches das schwierigste Wort im Umgang miteinander ist? Es ist das Wort Nein. Woran liegt das? Warum können die meisten Menschen nicht Nein sagen?

Werfen wir einen kurzen Blick in die Kindheit. Babys lernen hauptsächlich durch Nachahmung. Alles, was sie erleben, halten sie für richtig, und somit ahmen sie das Verhalten der Personen in ihrer Umgebung nach. Kaum gehen sie krabbelnd auf Entdeckungstour, bekommen sie ständig ein Nein zu hören. Dieses kurze Wort ist schnell gelernt und auch die entsprechende Botschaft dahinter: »Was du willst und tust, ist nicht richtig. Du musst das tun, was ich will und was ich für richtig halte.«

Spätestens im sogenannten Trotzalter sind die Kinder dann begierig darauf, dieses Verhalten selbst auszuprobieren. Sie sagen selbst ständig Nein, wehren sich, wann immer es geht und so heftig wie möglich. Sie wissen, was sie wollen, und versuchen, dies durchzusetzen. Doch in der Vielzahl der Fälle werden sie in ihre Schranken verwiesen. Das ständige Nein lässt in ihnen den Gedanken reifen, dass sie selbst nicht wissen können, was gut und richtig für sie ist, dass sie lieber auf das Urteil von anderen vertrauen sollten. Damit geben sie ihre eigene Freiheit auf und machen sich abhängig von der Meinung anderer. Sie verlernen praktisch, Nein zu sagen, und machen das, was andere von ihnen verlangen.

So werden wir von klein auf dazu erzogen, unserem eigenen Urteil zu misstrauen sowie unsere Gefühle und Bedürfnisse zu missachten. Die meisten behalten diese Verhaltensweise auch im Erwachsenenalter bei. Sie stecken quasi in ihren Kindheitserfahrungen fest und kommen nicht auf die Idee, dass auch andere Erfahrungen für sie möglich sind.

Sind nun Ihre Erziehung und Kindheit schuld daran, dass Sie nicht Nein sagen können? Nein, es geht nicht darum, einen Schuldigen zu finden. Ich möchte Sie anregen, die tiefer liegenden Ursachen für Ihr Verhalten zu erkennen. Durch die Kenntnis der zuvor erläuterten Grundlagen unseres Daseins haben Sie nun die besten Voraussetzungen zur Neugestaltung Ihres Lebens – und zwar völlig unabhängig von allem, was Sie bisher erlebt haben.

Alle bisherigen negativen Erlebnisse in Ihrem Leben sind unwichtig. Sie sind Vergangenheit. Ab heute fängt Ihr neues Leben an. Bringen Sie Ihre neue Sicht der Welt aktiv zur Anwendung. Sie kennen nun die Spielregeln. Werden Sie zum Gewinner in Ihrem persönlichen Spiel des Lebens. Die Kenntnis der Grundlagen ist Ihr Joker! Spielen Sie ihn aus! Nutzen Sie Ihr neu erlangtes Wissen – Sie können nur gewinnen!

Erleben Sie weitere Stationen auf der Reise durch Susannes, Klaus und Monikas Leben und entdecken Sie die grenzenlosen Möglichkeiten für Veränderungen aller Art unter Anwendung der Grundlagen.

Sicherlich werden Sie sich in der einen oder anderen Situation wiedererkennen und durch die neue Perspektive können Sie nun einen Ausweg für eine Veränderung finden. Denken Sie daran: Nichts ist so wie es scheint!

Erkennen Sie alte Gedankenmuster

Es gibt sehr viele Gründe, warum Sie bisher oft Ja gesagt haben, auch wenn Sie Nein meinten. Doch egal, warum Sie Ja sagen, der Hintergrund für Ihr Verhalten liegt nicht außerhalb von Ihnen. Es liegt nicht an der Erziehung, den Umständen oder an anderen Personen. Ihrem Verhalten liegt nur eines zu Grunde: Ihre Gedanken.

Die vermeintlichen Vorteile des Jasagens haben Sie bereits als nichtig erkannt. Nun möchte ich Ihnen weitere hinderliche Gedankenmuster aufzeigen. Es handelt sich hierbei um Glaubenssätze, die Sie von anderen übernommen und bisher nie in Frage gestellt haben. Manch einer ist der Auffassung, dass eine Veränderung dieser Muster ein langwieriger Prozess ist und viel Aufarbeitung vergangener Erlebnisse bedarf.

Ich kann Ihnen jedoch versichern: Es ist ganz einfach! Letztendlich sind alle Gedankenmuster oder Glaubenssätze nur eins: Es sind lediglich Gedanken, die Sie immer wieder und wieder denken. Mittlerweile wissen Sie, dass Sie die Macht haben, Ihre Gedanken von einer Sekunde auf die andere zu verändern. SIE allein bestimmen, was Sie denken. Auch wenn Sie seit vielen Jahren mit den für Sie eigentlich unpassenden Denkmustern vertraut sind, so können Sie sich jederzeit entscheiden, von nun an etwas anderes zu denken.

> *Man ist meistens nur durch Nachdenken unglücklich.*
> JOSEPH JOUBERT

Achten Sie zukünftig wieder mehr auf Ihre Gefühle. Prüfen Sie diese besonders aufmerksam bei Aussagen wie:

> »man muss«
> »man sollte«
> »so ist das eben«
> »da kann man nichts machen«

Sind Sie es gewohnt, so zu denken? Empfinden Sie solche Aussagen als normal und richtig? Wie fühlen sich diese Gedanken an?

Ich möchte Sie daran erinnern, dass Ihre Gefühle das Leitsystem in Ihrem Leben sind. Jeder negative Gedanke wird immer von einem negativen Gefühl begleitet. Die Botschaft dahinter ist die folgende: »Dieser Gedanke passt nicht zu mir. Dieser Gedanke ist nicht in Übereinstimmung mit meinen persönlichen Wünschen und Zielen.«

Das negative Gefühl soll Sie also darauf aufmerksam machen, dass gerade etwas geschieht, das nicht Ihrem Wohle und Ihren Interessen dient.

In unserer Gesellschaft existieren vielerlei Glaubenssätze und Gedankenmuster, die von Generation zu Generation weitergereicht werden. Kaum jemand kommt auf die Idee, deren Inhalt auf Überstimmung mit den eigenen Lebenszielen und Sichtweisen zu überprüfen.

Ich möchte Sie zum Nachdenken anregen und Ihnen helfen, alte Muster zu erkennen und mit neuen, für Sie passenderen Gedanken zu ersetzen. Sehen Sie sich die nachfolgenden Beispiele an und erkennen Sie, wie allein durch die Veränderung des Denkens ein völlig neues Erleben möglich ist – und zwar immer, überall und für jeden!

Wir sind nicht auf dieser Welt um so zu sein,
wie andere uns gern haben wollen.
Unbekannt

Pflichtgefühl

Pflichtgefühl taucht in allen Lebensbereichen auf: gegenüber den Eltern, dem Partner/der Partnerin, den Kindern, den Freunden, den Kollegen, dem Chef und so weiter. Wenn Sie all diesen vielfältigen Ansprüchen nachkommen würden, wären Sie Ihr Leben lang damit beschäftigt, es anderen recht zu machen.

So erledigen Sie ständig Dinge, die gar nicht zu Ihnen gehören, die mit Ihren Wünschen und Bedürfnissen nicht das Geringste zu tun haben. Der Hauptfokus in Ihrem Leben liegt auf anderen Personen – nicht auf Ihnen selbst. Sie haben ständig im Blick, was andere wollen oder brauchen. Vielleicht machen Sie sich sogar noch Gedanken darüber, was andere wollen könnten, weil Sie es nicht genau wissen.

Im Laufe Ihres Lebens haben Sie viele Vorgaben bezüglich Ihrer Pflichten erhalten. In den wenigsten Fällen haben Sie diese hinterfragt, da ja schließlich alle anderen auch nach diesen Vorgaben leben. Doch ist Ihnen jemals in den Sinn gekommen, dass es sich hierbei lediglich um Gedanken handelt? Vorgaben sind Gedanken anderer. Es liegt jedoch an Ihnen, ob Sie diese fremden Gedanken einfach übernehmen oder ob Sie eigene Gedanken zu dem jeweiligen Thema entwickeln.

Was steckt eigentlich wirklich dahinter, wenn Ihnen jemand eine Pflicht einreden will? Eine andere Person möchte Sie auf diese Weise überzeugen, dass deren Bedürfnisse von höchster Wichtigkeit sind. Dadurch entsteht dann in Ihnen ein Gefühl von Minderwertigkeit und Machtlosigkeit. Dies alles fühlt sich schlecht an – allerdings nur so lange, wie Sie diese »Wichtigkeitswertung« des anderen in Ihre eigenen Gedanken übernehmen.

Man muss sich durch die kleinen Gedanken,
die einen ärgern, immer wieder hindurch finden zu
den großen Gedanken, die einen stärken.
Dietrich Bonhoeffer

Sowie Sie sich darauf besinnen, dass Sie ebenso wichtig sind und dass Sie ein Recht auf freie Entscheidung haben, wird sich auch die Situation verändern. Am besten lässt sich diese Entwicklung aus Sicht der Frequenzen beschreiben: Zu Beginn haben Sie vielerlei Pflichtgedanken und kümmern sich hauptsächlich um die Belange anderer. Somit senden

Sie eine Art »Pflichtfrequenz« aus, welche stets weitere Verpflichtungen als Antwort liefert.

Dann besinnen Sie sich Ihrer eigenen Wünsche, Bedürfnisse und Ziele und achten vermehrt darauf, sich um Ihr eigenes Wohlbefinden zu kümmern. Demzufolge senden Sie eine grundlegend andere Frequenz aus, die keinesfalls mit Pflichten beantwortet werden kann.

Eine kleine Veränderung in Ihrem Denken kann großartige Wendungen in Ihrem Leben zur Folge haben. Ihre Gedanken sind absolut frei. Lassen Sie sich von niemandem vorschreiben, was Sie zu denken haben. Entscheiden Sie sich stets nur für jene Gedanken, die Sie gut fühlen lassen.

Das Telefon klingelte, und Susanne nahm den Hörer ab. Es war die Leiterin des Kindergartens auf der Suche nach freiwilligen Helfern für das bevorstehende Sommerfest. Susanne ahnte nichts Gutes. »Könnten Sie wohl einen Kuchen backen?«, fragte die Leiterin. »Oder vielleicht besser sogar zwei? Sie haben immer so wunderbare Rezepte. Viele der anderen Mütter haben leider keine Zeit. Sie würden den Kindergarten damit wirklich sehr unterstützen. Mit den Einnahmen können wir den Kindern dann neue Spiele kaufen.« Susanne fühlte sich überrollt. »Wieder mal bin ich dran«, dachte sie. »Warum haben die anderen keine Zeit? Ich habe auch keine! Ich habe genug anderes zu tun!« Und dann hörte sie sich sagen: »Ja klar, mache ich. Auf mich können Sie zählen. Einer muss ja die Fahne hoch halten.« Sie legte auf und spürte, wie eine Woge von Ärger in ihr aufstieg. »Verflixt noch mal«, schimpfte sie mit sich selbst. »Jetzt habe ich schon wieder zugesagt, obwohl ich das gar nicht wollte. Was ist nur los mit mir? Warum sind nicht auch mal die anderen dran? Muss nicht jeder der Eltern seinen Teil dazu beitragen? Schließlich kümmern sich die Erzieherinnen jeden Tag viele Stunden lang um die Kinder. Da muss man sich doch im Gegenzug auch mal engagieren.«

In dieser kurzen Situation stecken eine Menge kleiner Denkmuster, die Ihnen auf den ersten Blick vielleicht gar nicht auffallen. Gut erkennbar allerdings steht an erster Stelle das Pflichtgefühl. Susanne fühlte sich verpflichtet, ihre Unterstützung anzubieten. Engagement sollte allerdings nicht aus Pflicht, sondern aus freiem Willen (und aus dem Herzen!) geschehen.

Hier wäre der erste Ansatzpunkt für Ihr neues Denken, denn letztendlich ist es einzig und allein Ihr Gedanke, dass Sie zu irgendetwas verpflichtet sind. Solange Sie dieses Denken beibehalten, solange werden Sie auch stets Personen treffen, die dementsprechend mit Verpflichtungen auf Sie zukommen. Ihr Denken wird vom Gesetz der Anziehung konsequent mit Gleichem beantwortet. Eine Verpflichtung zieht die nächste nach sich, bis Sie vor Überforderung schier zusammenbrechen.

Wirklich effektive Abhilfe schafft hier eine Veränderung in Ihrem Denken.

> Alter Gedanke: Es ist meine Pflicht, immer Unterstützung zu bieten.
> Neuer Gedanke: Es ist meine Wahl, wann und wem ich Unterstützung biete.

Welcher Gedanke fühlt sich besser an? Möchten Sie gern selbst entscheiden, wie, wo und mit wem Sie Ihre Zeit verbringen? Notieren Sie sich hierzu eine passende Formulierung auf Ihrer Ziele-Liste, wie zum Beispiel

> Ich bin nur für mich verantwortlich und bestimme selbst über mein Leben.
> Ich entscheide selbst, wie ich meine Zeit verbringe.
> Meine freudvolle und positive Einstellung bringt mir harmonische Erlebnisse.

Besinnen Sie sich nun wieder auf das Gesetz der Anziehung. Wenn immer wieder Pflicht-Situationen auf Sie zukommen, dann nur deshalb, weil Sie zuvor in irgendeiner Art Pflicht-Gedanken ausgesendet haben. Vielleicht hatten Sie bisher Gedanken wie zum Beispiel: »Ich muss immer helfen.« Auf diese Frequenz antwortet das Gesetz mit: »Okay, so sei es!« und liefert Ihnen die entsprechenden Situationen – Sie werden wieder und wieder um Hilfe gebeten.

Machen Sie sich immer aufs Neue klar, dass es lediglich Ihre Gedanken sind, die jene Situation verursacht haben.

Zuvor haben Sie vielleicht eine Menge Zeit damit verbracht, einen Schuldigen zu finden, sich zu beschweren und zu beklagen. Doch jetzt wissen Sie, dass dies Verhalten nur noch mehr Negatives nach sich zieht.

Je mehr Sie innerlich die Überzeugung vertreten, dass jeder selbst der »Macher« seines Lebens ist, umso weniger werden Sie als Helfer eingespannt. Fangen Sie an, immer öfter neu zu denken:

> Jeder erschafft seine Erlebnisse ausschließlich aufgrund seines Denkens.
> Für die Erfüllung seiner Wünsche ist jeder selbst zuständig.
> Es ist meine freie Entscheidung, andere zu unterstützen.
> Ich helfe gern, wenn ich dabei ein gutes Gefühl habe.
> Es gibt viele Möglichkeiten zur Erfüllung der Wünsche anderer.
> Meine Hilfe ist hierbei nur ein Weg von vielen.

Diese Grundeinstellung verhilft Ihnen zu mehr Gelassenheit und Entspannung. Somit befinden Sie sich definitiv auf einer anderen Frequenz als zuvor (Stress und Hektik).

Aus größerer Sicht haben Sie nur eine einzige Pflicht: sich um Ihre eigenen Gedanken und Gefühle zu kümmern. Sowie Sie es schaffen, Ihren Fokus zum größten Teil auf positiven Gedanken zu halten, wird beziehungsweise muss jegliche unfreiwillige Verpflichtung aus Ihrem Leben verschwinden. Richten Sie Ihre Aufmerksamkeit auf das, was Sie wollen und was Sie gut fühlen lässt. Somit muss alles, was eine andere Frequenz besitzt, für Sie unsichtbar und unerlebbar werden.

Susanne ahnte nichts Gutes.

Welches Gefühl wird hier ausgelöst? Wie kommt Susanne zu dieser negativen Empfindung? An dieser Stelle kommen vergangene Erfahrungen ins Spiel. Anrufe der Leiterin waren bisher immer mit Verpflichtungen jeglicher Art verbunden, so ungefähr nach dem Gedankenmuster: »Oh je, jetzt will sie schon wieder was von mir.«

Wie finden Sie nun die Idee, dass dies lediglich ein Gedanke ist? Und dass die Frequenz dieses Gedankens beziehungsweise des entsprechenden Gefühls für die Entwicklung des Gesprächs von grundlegender Wichtigkeit ist?

Das Gesetz der Anziehung ist immer aktiv; es macht niemals Pause. Daher tritt es bei dem Gedanken: »Sie will was von mir« sofort in Aktion und antwortet: »So sei es!« und serviert die (unerwünschte) Verpflichtung.

Dies Beispiel steht stellvertretend für eine Fülle von ähnlichen Situationen aus allen Bereichen des Lebens. Die Vorgehensweise für eine Veränderung ist jedoch stets dieselbe: Stellen Sie fest, was Sie stattdessen wollen, und lassen Sie bisherige Erfahrungen hinter sich. Sie wissen ja: Die Vergangenheit ist unwichtig, denn Sie können JETZT neu bestimmen, was Sie erleben möchten.

Hier sehen Sie, wie Susanne ihre neuen Gedanken gestaltet:

> Meine bisherigen Erfahrungen mit der Leiterin sind unwichtig.
> Meine bisherigen Erfahrungen haben mit meinem bisherigen Denken zu tun.
> Ich entscheide mich jetzt für neue Gedanken.
> Ich weiß die Arbeit der Leiterin zu schätzen.
> Sie engagiert sich sehr zum Wohle der Kinder.
> Mein Kind ist bei ihr gut betreut und in besten Händen.
> Ich habe ein positives und ausgeglichenes Verhältnis zu ihr.
> Sie bindet alle Eltern gleichermaßen zur Unterstützung mit ein.
> Sie hat jede Menge Mittel und Wege, um Unterstützung zu finden.
> Meine Unterstützung ist meine freie Entscheidung.
> Forderungen zeigen nur, dass sie sich in einer negativen Frequenz befindet.
> Ich lasse mich von ihren negativen Gedanken nicht beeinflussen.
> Ich entscheide mich konsequent für Freude und Wohlbefinden.
> Auf diese Weise befinde ich mich auf einer grundlegend anderen Frequenz und so kann ich lediglich positive Erlebnisse haben.

Was dann passieren könnte, ist beispielsweise Folgendes: Die Leiterin wird Susanne nicht erreichen können oder sie wird sie sogar auf ihrer Liste übersehen. Auf jeden Fall kann das Gesetz der Anziehung diese beiden Personen nicht zusammen bringen, solange sie sich auf verschiedenen Frequenzen befinden.

So können Sie also getrost alle bisherigen negativen Erfahrungen hinter sich lassen. Kümmern Sie sich stattdessen ausschließlich um Ihre Freude und Ihr Wohlbefinden. Bringen und halten Sie Ihre jetzige Frequenz im Wohlfühlbereich. Auf diese Weise halten Sie mit Leichtigkeit alles, was Sie nicht wollen, außerhalb Ihrer Reichweite – ohne Kampf und völlig stressfrei.

Susanne fühlte sich überrollt.

Gelegentlich haben Sie vielleicht das Gefühl, das andere Sie wie mit einer Dampfwalze überrollen. Das fühlt sich natürlich immer schlecht an. Wie kann es zu dieser Situation kommen? Überrollt werden können nur jene, die schwach und hilflos sind. Dies hat jedoch nichts mit der körperlichen Schwäche zu tun. Es handelt sich hier um eine Art gedankliche Schwäche, oder besser gesagt die Frequenz »Schwäche«. Es ist unerheblich, welche Namen Sie dieser Situation geben: Willensschwäche, Nachgiebigkeit, Hilflosigkeit oder Ziellosigkeit. Wichtig ist hingegen zu erkennen, dass solch eine Situation nur dann entstehen kann, wenn Sie vorher jene »Schwächefrequenzen« ausgesendet haben.

Wie denken Sie von sich selbst? Halten Sie sich für leicht beeinflussbar? Oder können Sie konsequent Ihre Meinung vertreten? Wie denken Sie über das Leben? Fühlen Sie sich den Geschehnissen ausgeliefert? Oder meinen Sie, dass Sie selbst die Geschehnisse beeinflussen können?

Durch die Kenntnis der Grundlagen des Lebens können Sie Ihre Hilflosigkeit beziehungsweise Ihr Gefühl von Schwäche beseitigen. Lassen Sie sich von niemandem einreden, dass Sie keine Wahl hätten oder das Leben so hinnehmen müssten, wie es kommt.

Den Fokus auf die eigene Stärke richten

Nutzen Sie lieber die Macht Ihrer Gedanken und Gefühle. Der einzige Grund, warum Sie je überrollt werden können, ist: Sie haben vorab die entsprechenden Gedanken hierzu ausgesendet. Ihr gedanklicher Fokus war auf Schwäche, Überforderung oder Hilflosigkeit ausgerichtet. Sie haben also jede Menge Gedanken gehabt, die sich im Bereich der »Schwächefrequenz« befunden haben.

Wenn Sie dann »überrollt« werden, so ist dies lediglich die Antwort auf Ihr vorausgegangenes Denken. Das Gesetz der Anziehung muss Ihnen ja immer ein passendes Gegenstück liefern. Somit müssen Sie also Erlebnisse haben, die der Frequenz Schwäche entsprechen. Das ist der ganze Hintergrund. Niemand will Ihnen etwas Böses. Niemand hat es auf Sie abgesehen. Es handelt sich lediglich um Ursache (Ihre Gedanken) und Wirkung (die Antwort).

Falls Ihnen die erhaltene Antwort nicht gefällt, geht es einfach nur darum, dass Sie eine andere, angenehmere

Frequenz wählen. Also: Was wollen Sie stattdessen erleben?

> Alter Gedanke: Wieder mal bin ich dran.
> Neuer Gedanke: Ich selbst bestimme, was ich tun möchte. Ich habe die Wahl.

Können Sie den Unterschied in diesen Gedanken fühlen? Der alte Gedanke bringt Gefühle von Hilflosigkeit, doch der neue Gedanke hat eine gewisse Stärke und Bestimmtheit. Wichtig ist, dass Sie innerlich eine neue Ausrichtung mittels neuer, stärkender Gedanken finden. Das Gesetz der Anziehung erledigt den Rest für Sie. Es kann Ihnen dann auf jeden Fall keine Situationen mehr liefern, die Sie hilflos fühlen lassen.

Das Schöne an dieser Sache ist: Sie müssen sich keinerlei Gedanken darüber machen, wie Sie die gewünschte Veränderung bewerkstelligen können beziehungsweise was Sie alles dafür tun müssen. Um das »wie« kümmert sich das Gesetz der Anziehung. Ihr Job ist es lediglich, Ihre Frequenz (Ihr Ziel) neu zu wählen, positivere Gedanken zu finden und Ihre Aufmerksamkeit auf jene Dinge zu konzentrieren, die Ihnen Freude bereiten. Kurz gesagt: Haben Sie Spaß!

Bisher haben Sie immer versucht, durch Handeln und Reagieren Ihr Leben beziehungsweise unliebsame Situationen zu verändern. Aus der großen Sicht können Sie nun erkennen, warum die erzielten Ergebnisse nie wirklich zufriedenstellend waren: Sie hatten Ihre Frequenz nicht genügend verändert und Ihre alten Gedanken beibehalten.

Vielleicht kommt es Ihnen als zu einfach vor, lediglich die Gedanken ändern zu müssen. Ich würde Ihnen empfehlen, genau diesen Gedanken neu zu formulieren, und zwar von: »So einfach kann es nicht sein« zu »Es darf so einfach sein.« Probieren Sie es aus! Ihre persönliche Welt besteht lediglich aus dem, was Sie zuvor gedacht haben. Wäre es nicht ein Spaß, mit neuen Gedanken einen neuen Schwung in Ihr Leben zu bringen?

An neues Denken muss man sich natürlich erst einmal gewöhnen. Ihr bisheriges altes Denkmuster von Hilflosigkeit könnte man mit einer Autobahn vergleichen. Es ist eine breite, viel befahrene Strecke. Ihr neues Denken ist dagegen wie ein Trampelpfad, der noch neu und ungewohnt ist. So ist es nicht verwunderlich, dass Sie gelegentlich in Ihr altes, vertrautes Denken zurückfallen. Dies ist kein Grund zur Besorgnis. Nehmen Sie es einfach zur Kenntnis und bestimmen Sie erneut, was Sie stattdessen denken wollen.

Hier eine wirkungsvolle »Notfallhilfe«: Erbitten Sie Bedenkzeit. Sagen Sie weder Ja noch Nein, sondern sagen Sie klar, dass Sie darüber erst nachdenken müssen. Auf diese Weise verschaffen Sie sich Zeit zu prüfen, in wieweit das Anliegen des anderen mit Ihren eigenen Bedürfnissen im Einklang ist.

› Das weiß ich jetzt noch nicht genau.
› Das kann ich im Moment nicht sagen.
› Das möchte ich vorher mit xy besprechen.

> Das kann ich jetzt nicht entscheiden.
> Das möchte ich mir in Ruhe überlegen.
> Das möchte ich zuvor mit xy abstimmen.

Fügen Sie dann auch stets hinzu, dass Sie in absehbarer Zeit eine Rückmeldung geben werden, zum Beispiel: »Ich gebe dir nachher/heute Nachmittag/morgen Bescheid.«

Auf diese Weise können Sie den Entscheidungsdruck im Vorfeld ausschalten. Sie verfügen nun über einen zeitlichen Spielraum, um sich über Ihre Bedürfnisse und Motivation Klarheit zu verschaffen.

... schimpfte sie mit sich selbst.

Wie hilfreich ist Selbstkritik? Sehen wir uns dies einmal genauer an: Susanne hat Ja gesagt, obwohl sie Nein meinte. Die Gründe hierfür sind unerheblich. Wichtig ist nur eins: Sie hat ihre eigenen Bedürfnisse missachtet und ihre vermeintliche Pflicht vornan gestellt. Dieses Verhalten musste logischerweise negative Gefühle in ihr auslösen. Sie spürte sehr deutlich, dass ihr Handeln nicht ihren eigenen Wünschen entsprach. So entstanden eine ganze Reihe negativer Gefühle in ihr: Hilflosigkeit, Schwäche bis hin zu Wut und Ärger über sich selbst.

Wie kommt man nun aus dieser negativen Frequenz wieder heraus? Durch eine Veränderung der Gedanken! Gehören Sie auch zu jenen, die mit sich selbst unzufrieden sind und sich innerlich häufig selbst kritisieren? Vielleicht haben Sie sogar kürzlich solch eine Situation erlebt. Können Sie sich noch daran erinnern, wie der weitere Tag verlaufen ist? Kamen da nicht noch weitere Ereignisse auf Sie zu, die Sie in Ihrer Kritik noch bestärkt haben?

Solange Sie in der »Ärgerfrequenz« fest hängen, wird das Gesetz der Anziehung Ihnen mehr hiervon liefern – mehr Ärger. Wenn Sie jedoch etwas anderes erleben möchten, dann müssen Sie eine Veränderung Ihrer Frequenz bewirken. Dies geschieht, indem Sie Ihre Gedanken auf etwas Positiveres lenken.

Nehmen Sie in diesem Fall Ihre Wohlfühlliste zur Hand und finden Sie etwas, das Sie in eine bessere Stimmung versetzt. Somit gelangen Sie innerhalb kürzester Zeit in eine positivere Frequenz und können sehr viel leichter angenehme Gedanken finden sowie die Situation aus einer anderen Perspektive sehen.

Eine mögliche Gedankenkette könnte wie folgt aussehen:
> Jetzt bin ich schon wieder in die Falle getappt und habe Ja gesagt.
> Ich bin ärgerlich über mich selbst.
> Mein Ärger fühlt sich aber nicht gut an.
> Ich möchte mich besser fühlen.
> Vielleicht kann ich ja auch etwas Positives an dieser Sache finden.

- Zumindest habe ich diesmal viel bewusster auf meine Gefühle geachtet.
- Ich finde es gut, dass ich die Warnung erkannt habe.
- Es ist ja nur ein Hinweis, dass ich meine eigenen Bedürfnisse missachte.
- Das, was gerade passiert ist, ist nur die Antwort auf meine vorherigen Gedanken.
- Ich habe mich zu viel mit den Belangen anderer befasst.
- Ich werde mich jetzt wieder mehr um mich selbst kümmern.
- Ich erinnere mich daran, dass ich mit meinen Gedanken mein Leben verändern kann.
- Positive Erlebnisse kann ich nur durch positive Gedanken erzielen.
- Und wenn ich in einer guten Stimmung bin, können alle anderen hiervon ebenfalls profitieren.
- Wenn es mir gut geht, habe ich jede Menge tolle Ideen – und Lösungen ergeben sich wie von selbst.
- Ich darf mich jederzeit neu entscheiden.
- Aber jetzt tue ich erst einmal etwas für mein Wohlbefinden und warte ab, wie sich die bisherige Situation weiter entwickelt.
- Ich bin gespannt darauf, welche neuen Möglichkeiten sich auftun.
- Ich fühle mich frei und erleichtert.

Verantwortung für andere

Denken Sie, dass Sie für das Leben beziehungsweise die Erlebnisse anderer Personen verantwortlich sind? Meinen Sie, dass Sie für den Erfolg anderer verantwortlich sind? Wie fühlen sich diese Gedanken für Sie an? Fühlen Sie Befreiung oder Last?

Vermeintliche Verantwortung ist besonders in der Familie ein großes Thema. Oftmals herrscht zwischen Eltern und (erwachsenen) Kindern der Gedanke, dass sie füreinander verantwortlich sind. Daraus entsteht ein regelrechter Zwang, sich um das Wohlbefinden und die Bedürfnisse des anderen kümmern zu müssen. So ist es kein Wunder, dass besonders in Familien der größte Druck herrscht, wenn es um die Erfüllung von Ansprüchen geht.

> *Unabhängigkeit ist etwas Innerliches;*
> *jeder kann sie erringen.*
> ERICH LIMPACH

Vielfach gelingt es Eltern nicht, ihren Sprössling als erwachsenen und eigenständigen Menschen zu sehen. Sie betrachten ihn weiterhin als Kind und verhalten sich ihm gegenüber dementsprechend. Sie geben jede Menge (gut gemeinte) Ratschläge und mischen sich beständig in das Alltagsleben ein. Die Eltern fühlen sich weiterhin verantwortlich.

Den Kindern geht es ebenso. Da ist dann beispielsweise die erwachsene Tochter, die alle paar Tage von ihrer Mutter angerufen wird. Der Inhalt der Gespräche ist stets der gleiche: die Mutter klagt über ihre körperlichen Beschwerden, über Ärgernisse mit den Nachbarn und darüber, dass die Tochter sich so selten blicken lässt. Man müsse doch zusammenhalten. Schließlich habe die Mutter ja so viel für die Tochter getan und auf vieles verzichtet – und was sei jetzt der Dank dafür? Somit fühlt sich die Tochter für das Wohlbefinden der Mutter verantwortlich gemacht.

Die Mehrheit von uns ist mit diesem Verantwortungsdenken erzogen worden. Die meisten empfinden die zugewiesene Verantwortung als Last, doch die wenigsten hinterfragen dieses Denkmuster oder trauen sich, diese Verantwortung abzulehnen.

Das Telefon klingelte, und Monika nahm den Hörer ab. Es war ihre Mutter. Eigentlich hatte Monika gar keine Zeit, aber sollte sie ihre Mutter einfach abwimmeln? Nein, das brachte sie nicht fertig. So hörte sie sich widerwillig die Klagegeschichten an. Ihre Mutter fand überall etwas zu meckern, die ganze Welt sei schlecht und niemand kümmere sich um sie. Monika fühlte sich gänzlich unwohl. Wie oft schon hatte sie diese Geschichten gehört? Und ändern konnte sie ja doch nichts. Ihre Mutter war sehr eigenwillig und für keinerlei positiven Sichtwechsel zugänglich. Monika merkte, dass ihre Laune auf den Nullpunkt sank. »Warum kann sie mich nicht einfach in Ruhe lassen?«, dachte sie entnervt.

Ich möchte an dieser Stelle einen klaren Unterschied feststellen: Es gibt zum einen die Anteilnahme am Leben anderer und zum anderen die Verantwortung für das Leben anderer.

> Anteilnahme bedeutet: Ich interessiere mich für dich, lass mich an deinen Erlebnissen teilhaben, lass uns gemeinsam aktiv sein, lass mich mit dir freuen – also eine durchweg positive Ausrichtung. Dies ist die perfekte Grundlage für harmonische Beziehungen in allen Bereichen des Lebens.

> Verantwortung bedeutet: Ich muss mich um dich kümmern, ich muss mir Sorgen machen, ich muss darauf achten, es dir recht zu machen, denn nur dann kann es dir gut gehen. Ich bin für dein Wohlbefinden verantwortlich. Ich muss mich so verhalten, wie es dir passt und gefällt. Ich muss immer parat stehen und helfen. Dies ist die perfekte Grundlage für Missverständnisse, Ärger und Streit.

Welche dieser beiden Varianten kommt Ihnen bekannt vor? Welche Variante gefällt Ihnen besser? Welche fühlt sich besser an?

Wenn Sie nun aus der vermeintlichen Verantwortung aussteigen möchten, dann kann das Gesetz der Anziehung hierzu außerordentlich hilfreich sein. Formulieren Sie zuerst einen entsprechenden Satz auf Ihrer Zieleliste, beispielsweise: Ich bin nur für mich selbst verantwortlich.

Nutzen Sie nun Ihren Joker – die Kenntnis der Grundlagen, und bringen Sie durch Ihre neue Sichtweise mehr Leichtigkeit in Ihren Alltag. Das Gesetz der Anziehung besagt: Was ICH aussende, kommt zu MIR zurück. Dies gilt für jeden von uns – auch für Sie! Ihr Leben gestaltet sich ausschließlich aufgrund Ihrer vorausgegangenen

Gedanken. Es sind immer nur IHRE Gedanken, die in Ihrem Leben etwas bewirken – niemals die Gedanken anderer.

Wählen Sie frei vom Büffet des Lebens!
Stellen Sie sich vor, Sie stehen vor einem riesigen Büffet. Alle nur erdenklichen kulinarischen Köstlichkeiten sind darauf vorhanden. Sie finden dort Ihre Lieblingsspeisen, aber auch jene Speisen, die Sie nicht mögen. Wie werden Sie sich verhalten? Womit werden Sie wohl Ihren Teller füllen? Mit Gerichten, die Sie mögen oder mit jenen, die Sie nicht mögen?

Das Leben ist im Prinzip ein ähnlich gigantisches Büffet. Nur finden Sie darauf keine Speisen, sondern vielmehr eine unendliche Palette von Möglichkeiten, Erfahrungen und Erlebnissen. Sie können frei wählen, was Sie auf Ihren »Lebensteller« haben möchten, zum Beispiel Freude oder Ärger, Zufriedenheit oder Streit.

Beim Essen treffen Sie Ihre Wahl durch das Zugreifen, beim Lebensbüffet wählen Sie durch Ihren Fokus. All jene Dinge, Personen und Umstände, auf die Sie Ihre Aufmerksamkeit richten, wandern hierdurch auf Ihren Teller beziehungsweise in Ihr Leben.

Die Ausrichtung Ihrer Aufmerksamkeit ist allein Ihre Sache. Niemand anders kann dies für Sie tun. Somit ist niemand anderes für das verantwortlich, was sich auf Ihrem Teller befindet, denn Sie selbst haben dies ausgewählt. Ebenso wenig sind Sie für den Tellerinhalt anderer verantwortlich, denn es war deren Wahl.

Die Wenigsten wissen, dass sie stets die freie Wahl haben. Wie denken Sie jetzt hierüber? Selbst wenn Sie derzeit bis über beide Ohren in Verpflichtungen stecken, gibt es einen einfachen Ausweg hieraus: Gehen Sie zum Büffet und wählen Sie neu aus. Bringen Sie mehr Leckerbissen auf Ihren eigenen Teller! Oder anders ausgedrückt: Richten Sie Ihre Aufmerksamkeit mehr auf jene Dinge, die Ihnen gefallen, die Ihnen gut tun, die Ihnen Freude bereiten.

Wenn nun etwa Ihre Mutter ein Leben führt, das ihr nicht gefällt, so liegt es allein daran, dass sie auf Dinge fokussiert ist, die ihr nicht gefallen. Negative Gedanken ziehen immer negative Erlebnisse nach sich. Eine Veränderung kann nur durch Ihre Mutter selbst geschehen, und zwar indem sie ihre Aufmerksamkeit auf Positives richtet. Dies ist der einzige Weg. Das Gesetz der Anziehung macht keine Ausnahme.

Verantwortung und Sorgen abgeben

So können Sie nun also getrost jegliche Verantwortung für andere abgeben. Sie können jetzt aufhören, sich in allen nur erdenklichen Weisen zu verbiegen, um es anderen recht zu machen. Jeder bestimmt selbst, was in seinem Leben passiert. Sie wissen nun, dass eine positive Ausrichtung von größter Wichtigkeit ist. Wenden Sie diese Erkenntnis praktisch an, indem Sie der anderen Person zu einer positiveren Sicht verhelfen: Lenken Sie ab, muntern Sie auf, suchen Sie nach positiven Details, bringen Sie Hoffnung, Zuversicht und Freude zum Ausdruck. Dies ist die beste Hilfe und Unterstützung, die Sie bieten können.

Ferner können Sie nun auch aufhören, sich um andere Sorgen zu machen. Kennen Sie die Aussage: »Ja, aber ich muss mich doch sorgen!« Meinen Sie vielleicht, sich nicht zu sorgen wäre herzlos? Doch wie fühlt sich das Sorgen machen an? Welche Art von Gefühlen entsteht dabei in Ihnen? Positive oder negative?

Sorgen befinden sich auf dem gleichen Level wie Furcht, Unsicherheit oder Zweifel. All dies ist weit davon entfernt, sich gut anzufühlen. Somit bringen Ihnen die Sorgen letztendlich genau jene Erlebnisse, die Sie ja eigentlich vermeiden wollten: Unangenehmes. Jegliche Ratschläge wie »Mach dies nicht – Tu das nicht« sind vielleicht gut gemeint, verfehlen aber meilenweit die Absicht. Das Gesetz der Anziehung beantwortet Ihre Frequenz – nicht Ihre Worte.

Wenn Sie nun anderen Personen Ihre Aufmerksamkeit schenken möchten, dann achten Sie hierbei stets auf Ihre Ausrichtung. Sorgen und Ratschläge befinden sich im negativen Bereich. Außerdem signalisieren Sie hierdurch: Ich traue dir nicht genug zu.

Senden Sie positive Botschaften aus
Wesentlich effektiver wäre es für alle Beteiligten, wenn Sie sich ausschließlich auf die positiven Seiten der Sache ausrichten, zum Beispiel finden Sie die Idee gut, Sie bewundern den Mut oder die Entscheidung, Sie sehen das Positive an einer neuen Erfahrung, Sie haben Vertrauen in die Urteilsfähigkeit des anderen, Sie erkennen, dass gerade eigene Erfahrungen die besten Lehrmeister sind. Unterstützen Sie die positive Ausrichtung der anderen Person und vertrauen Sie

auf das Gesetz der Anziehung. Auf diese Weise können Sie absolut sicher sein, dass alles bestens verlaufen wird.

Diese Verhaltensweise ist vielleicht zuerst noch ungewohnt, doch Sie werden mit der Zeit feststellen, dass ein Sichtwechsel zum Positiven für alle Beteiligten die wunderbarsten Erlebnisse bringt. Es geht natürlich nicht darum, dass Sie ab jetzt alles tolerieren oder gutheißen müssen. Versuchen Sie jedoch zu erkennen, dass jeder in seinem Leben seine ganz eigenen Erfahrungen machen möchte. Jeder hat seinen individuellen Plan, eigene Ideen, Vorstellungen, Wünsche und Ziele. Wenn nun also jemand am Büffet steht und Spargel auf seinen Teller legt, dann ist das ausschließlich seine Wahl, und dies hat mit Ihnen nicht das Geringste zu tun! Der Spargel liegt auf seinem Teller, nicht auf Ihrem! Es gibt weiterhin keinen Grund, gegen Spargel zu demonstrieren, ihn vom Büffet verbannen zu wollen oder Anti-Spargel-Gruppen zu gründen. Die Lösung ist ganz einfach: Wenn Sie Spargel nicht mögen, dann nehmen Sie halt keinen auf Ihren Teller.

Im Leben verhält es sich ebenso. Es gibt unendlich viele Möglichkeiten, was man alles erleben kann. Jeder darf selbst wählen – und zwar ausschließlich für sein eigenes Leben. Es gibt kein Gut oder Schlecht, kein Richtig oder Falsch. Wenn Sie die Dinge aus dieser größeren Sicht betrachten, können Sie sich getrost entspannen. Genießen Sie Ihre absolute Freiheit und gestehen Sie allen anderen diese Freiheit ebenso zu.

Die Falle der Schuldzuweisungen

Kommen wir nun noch einmal zur Mutter zurück. Beispielsweise hat sie Streit mit ihrem Nachbarn, der immer wieder neue Dinge findet, um sie zu ärgern. Sie beklagt sich bei Ihnen hierüber und fordert Ihre Unterstützung. Ganz klar ist: Die Mutter ist für ihr Leben und alle Geschehnisse selbst verantwortlich. Wenn sich ihre Gedanken zum größten Teil im negativen Bereich befinden, dann wird sie dementsprechend negative Erlebnisse haben.

Oftmals wird dann die Schuld hierfür anderen zugeschoben. Die Mutter würde ganz eindeutig den Nachbarn für schuldig befinden. Auf den ersten Blick könnte man nun meinen, dies sei eine Erleichterung, doch welches Gefühl steckt wirklich in dieser Schuldzuweisung verborgen? Ist es nicht vielmehr eine Art Hilflosigkeit? Fühlt man sich nicht eher machtlos oder gar wertlos? Ist man dann nicht sogar vom anderen abhängig? Wenn der andere sein Verhalten nicht ändert – was dann? Ist die Mutter dem Verhalten des Nachbarn dauerhaft und hilflos ausgeliefert? Kann sie erst wieder fröhlich sein, wenn der Nachbar sich ändert?

Die Mutter hat nun also den Nachbarn auf dem »Teller ihres Lebens«. Niemand muss sich jedoch mit dem abfinden, was sich auf seinem Teller befindet. Wenn die Mutter merkt, dass ihr diese Machtspielchen des Nachbarn keinen Spaß machen, kann sie einfach neu wählen. Sie richtet dementsprechend ihren Fokus auf etwas anderes. Energie folgt der Aufmerksamkeit! Wenn die Mutter Ihre Aufmerksamkeit auf andere (positivere) Dinge, Personen oder Ereignisse lenkt, wird das Unerwünschte quasi ignoriert und muss daher aus ihrem Leben verschwinden. Sie braucht also nicht mehr die ganze Familie als Beistand zu mobilisieren. Sie kann für alles selbst eine Lösung finden. Ihre positive Ausrichtung macht alle erforderlichen Wege und Möglichkeiten sichtbar, die auf einfache und schnelle Weise zum gewünschten Ziel führen.

Die beste Unterstützung, die Sie in solchen Fällen bieten können, ist Ihr Vertrauen in das Gesetz der Anziehung, welches für jeden stets die besten Lösungen parat hält. Bringen Sie Ihren Optimismus und Ihre Zuversicht zum Ausdruck. Inspirieren Sie andere zu einer positiven Sichtweise. Motivieren Sie andere zu hoffnungsvollen und erfreulichen Gedanken. Auf diese Weise bewirken Sie eine Veränderung im Fokus, und somit öffnen sich neue Möglichkeiten.

Wagen Sie eine neue Wahl!
Wie gefällt Ihnen der Gedanke, dass Sie alles haben, tun und sein können, was Sie wollen? Dass Sie nichts mehr bekämpfen, sondern lediglich neu wählen müssen? Dass jeder seine eigene Wahl trifft und niemand anderes hierfür verantwortlich ist?

Tauchen Sie ein in diese wunderbare Vielfalt an Erlebnismöglichkeiten auf diesem Planeten. Probieren Sie Neues aus, seien Sie neugierig auf neue Erfahrungen, lassen Sie sich begeistern, sprengen Sie Ihre alten Grenzen und halten Sie alles für möglich! Genießen und nutzen Sie Ihre Entscheidungsfreiheit – gehen Sie ans Büffet und kosten Sie von der Auswahl! Bringen Sie mehr Freude zum Ausdruck, finden sie 1000 Gründe zu lachen und kümmern Sie sich um Ihr Wohlbefinden. Dies ist der Schlüssel zu einem erfüllten und glanzvollen Leben. Wollen Sie ihn nutzen?

> *Die meisten Menschen denken darüber nach,*
> *was die anderen Menschen über sie denken.*
> SEAN CONNERY

Anpassung

Haben Sie den Wunsch, anderen gegenüber immer gut dazustehen? Meinen Sie, Ihr stetiges Ja sagen bringt Sie zu diesem Ziel? Für ein Ja sagen aus Gründen der Anpassung gibt es vielerlei Gedankenmuster:

> Ich will nicht anecken.
> Ich will dazu gehören.
> Ich will keinen Ärger bekommen.
> Ich will nicht unfreundlich sein.
> Ich muss mich nach den Wünschen anderer richten.
> Ich darf niemanden vor den Kopf stoßen.
> Ich darf die Gefühle anderer nicht verletzen.
> Ich darf nicht egoistisch sein.

Wie fühlen sich diese Gedanken für Sie an? Empfinden Sie ein Gefühl von Freiheit, Selbstbestimmung und Freude oder eher das Gegenteil?

Es gibt in unserer Gesellschaft vielerlei Ansichten, welches Benehmen als angemessenes Verhalten gilt. Hierbei handelt es sich jedoch durchweg um die Erwartungen anderer Personen, wobei natürlich nicht Sie an erster Stelle stehen, sondern die anderen.

Das Thema Anpassung ist besonders im Bekanntenkreis und im Berufsleben von großer Bedeutung. In diesen beiden Bereichen begegnen Ihnen wahrscheinlich täglich Situationen, in denen Sie aufgrund der obigen Gedankenmuster mit Ja sagen reagieren. Sie sagen Ja, weil Sie meinen, dass dies von Ihnen erwartet wird. Was würden die anderen von Ihnen denken, wenn Sie Nein sagten? Alles sorgenvolle Grübeln über andere Personen bringt Sie nicht voran, denn Sie gelangen dadurch lediglich in eine negative Stimmung. Wenden Sie auch hier wieder Ihre größere Sicht an und nutzen Sie Ihren Joker, Ihr Wissen über das Gesetz der Anziehung.

Unsere unterschiedliche Wahrnehmung

Vielleicht kennen Sie diese Situation: Sie und Ihr/e Freund/in haben einen gemeinsamen Bekannten. Allerdings würden Sie beide diesen Bekannten völlig unterschiedlich beschreiben. Sie finden ihn nett und freundlich, während Ihr/e Freund/in ihn als unhöflich und unsympathisch empfindet. Oder es passiert ein Unfall, bei dem mehrere Zeugen zugegen sind, doch jeder sagt etwas anderes aus.

Wie kann das sein? Des Rätsels Lösung liegt in der unterschiedlichen Wahrnehmung. Erinnern Sie sich daran, dass unser Dasein aus Energie beziehungsweise aus Frequenzen besteht. Bildlich gesprochen ist jeder von uns ein riesiges Bündel an Frequenzen, wobei natürlich nicht alle gleichzeitig aktiv sind, sondern stets nur jene Frequenz, die der Ausrichtung Ihrer derzeitigen Gedanken entspricht.

Wenn Sie momentan ärgerlich sind, dann werden Sie in Ihrem Umfeld nur jene Dinge und Personen sehen können, die Ihrer Ärgerfrequenz entsprechen. So würde der Unfallzeuge von der aggressiven Verhaltensweise des Fahrers berichten. Wäre der Zeuge jedoch in guter Stimmung, könnte er aussagen, dass der Fahrer rasch und schwungvoll aus dem Wagen gesprungen ist und sich engagiert um Hilfe gekümmert hat. Wer hat nun Recht? Jeder!

Es gibt kein Richtig oder Falsch. Es gibt niemals nur eine Sicht, sondern unendlich viele Sichtweisen von ein und derselben Situation oder Person. Ihre Sicht der Welt und der anderen hängt stets nur davon ab, welche Frequenz bei Ihnen gerade aktiv ist. So gibt es also für Sie immer nur Ihre Sicht der anderen, und zwar aus Ihrer derzeitigen Perspektive, Ihrer derzeitigen Frequenz.

Das heißt weiterhin, dass Ihre Wahrnehmung anderer von Ihrer Stimmung abhängt und somit hochgradig schwankend ist. Daher kann es durchaus passieren, dass Sie an einem Tag jemanden als unfreundlich empfinden, doch ein paar Tage später eher vom Gegenteil überzeugt sind. Es sind nicht die anderen, die sich verändert haben, sondern es ist Ihre innere Einstellung beziehungsweise Ihre gedankliche Ausrichtung, die sich geändert hat. Die Ursache für die Art Ihrer Wahrnehmung liegt immer in Ihnen selbst.

Was andere über Sie denken – ist deren Sache

Beim Thema Anpassung geht es nun darum, dass Sie sich keine Sorgen mehr darum machen, was andere über Sie denken, oder besser gesagt: Wie andere Sie wahrnehmen. Wenn jemand anderes Sie für unfreundlich hält, dann ist das seine Wahrnehmung – und diese beruht auf seiner derzeitigen Frequenz. Das heißt: Er kann aus der Fülle der Frequenzen Ihres Wesens derzeit nur »unfreundlich« empfangen, da dies seiner eigenen derzeitigen Frequenz entspricht. Würde der andere auf positivere Gedanken umschwenken, könnte er dementsprechend auch all Ihre positiven Eigenschaften (Frequenzen) wahrnehmen. Auf diese Weise könnte er Ihre Freundlichkeit, Güte, Herzlichkeit, Wärme und Liebe erleben.

Wenn also jemand negativ über Sie denkt oder spricht, dann bedeutet dies nur eins: Der andere ist in eine negative Gedankenhaltung verstrickt. Es ist ausschließlich sein Denken. Der andere hat eine Art Negativbrille aufgesetzt und ist blind für all das Wunderbare an Ihnen. Sie sind und bleiben wunderbar – völlig unabhängig, ob der andere dies wahrnehmen kann oder nicht!

Wenn Sie sich anpassen, reagieren Sie lediglich auf die Wahrnehmung, die andere Personen von Ihnen haben. Zum tieferen Verständnis sehen wir uns die obigen Gedankenmuster nun einmal einzeln an.

Ich will nicht anecken oder die Gefühle anderer verletzen

Monika wurde von ihrer Nachbarin angesprochen: »Nächsten Monat findet ja wieder unser Straßenfest statt. Wir können doch auch diesmal mit Ihrer Unterstützung bei der Organisation und Durchführung rechnen, nicht wahr?«

Nachbarschaft ist für viele ein heikles Thema. Welche Wichtigkeit räumen Sie den Menschen in Ihrem Umfeld ein? Machen Sie sich des Öfteren Sorgen darüber, was die anderen von Ihnen denken könnten? Meinen Sie, dass Sie stets Ja sagen müssen, um ein gutes nachbarschaftliches Verhältnis zu haben? Überlegen Sie einmal kurz, welche Sätze Ihnen hierzu aus Ihrer Erziehung (Eltern u. Schule) einfallen.

Viele Menschen sind davon überzeugt, dass die Meinung anderer über sie von höchster Wichtigkeit für ihr Leben ist. Daher passen sie ihr Verhalten den Erwartungen anderer an. Sie sind gefügig, lieb, nett und brav. Sie sagen Ja, um bei anderen gut dazustehen. Sie möchten sympathisch sein und niemandem im Weg stehen.

Doch wenn Sie Nein sagen, machen Sie dem anderen einen Strich durch seine Rechnung. Sie werden unbequem, denn durch Ihre Absage bringen Sie seine Pläne durcheinander. Vielleicht fühlt sich der andere auch enttäuscht, dass seine Erwartungen nicht erfüllt worden sind. Eventuell macht er Sie auch verantwortlich für daraus resultierende Misserfolge.

Aus größerer Sicht ergibt sich jedoch eine ganz andere Variante: Was andere über Sie denken, ist lediglich deren Wahrnehmung auf Grundlage ihrer derzeitigen Frequenz. Wenn die Nachbarin Sie als unbequem wahrnimmt, dann ist das allein ihre Sicht. Lassen Sie sich davon nicht beeinflussen.

Sich selbst im Auge behalten
Für Sie ist wichtig, dass Sie sich auf Ihre eigenen Ziele und Wünsche ausrichten. Mit diesem Fokus werden Sie immer gute Gefühle und somit eine positive Frequenz haben. Sie wissen mittlerweile, dass diese Ausrichtung ausschlaggebend dafür ist, dass Sie auf Empfang für die bestmöglichen Lösungen und Wege zu Ihrem Ziel sind. Auf diese Weise können Sie für andere eine wunderbar inspirierende Unterstützung sein.

Sicherlich war die Nachbarin auf ein Ziel ausgerichtet: Hilfe für das Fest. Doch zugleich hat sie auch den Weg zum Ziel (das »Wie«) festgelegt: Ihre Hilfe.

Das »wie« ist jedoch Aufgabe des Gesetzes der Anziehung. Ihr Job wäre es, sich auf Empfangsfrequenz für das »Wie« zu befinden, nämlich in positiver Ausrichtung. Nur wenn jemand auf das »Wie« fixiert ist, kann er andere negativ wahrnehmen. Wenn die Nachbarin also eine bestimmte Person für die Erfüllung ihrer Wünsche verantwortlich macht, misstraut sie den unendlichen Möglichkeiten. Ihr Denken und ihre Gefühle sind im negativen Bereich, und somit ist sie nicht auf Empfang für die passende Lösung.

Falls Sie also irgendwo »anecken« oder andere »verletzen«, dann ist das lediglich die Auswirkung der Wahrnehmung des anderen. Es ist sein Denken. Es ist seine derzeitige negative Frequenz. Sie sind jedoch nicht für sein Denken oder seine Frequenz verantwortlich. Eine negative Reaktion oder Schuldzuweisung ist sein Versuch, besser dazustehen. Lassen Sie sich davon nicht beirren.

Die Ursache für sein negatives Erleben liegt darin, dass er Sie als Weg zur Erfüllung seiner Wünsche bestimmt hat. Aber so funktioniert das nicht. Der andere konzentriert sich zu sehr auf das »Wie«. Doch sich Gedanken darüber zu machen, wie die Erfüllung von Wünschen in sein Leben tritt, ist nicht sein Job. Es gibt unendlich viele Möglichkeiten, um zum perfekten Ergebnis zu gelangen – und diese werden vom Gesetz der Anziehung gemanagt.

Die Entscheidungsfreiheit bewahren

Eine mögliche Vorgehensweise wäre die folgende: Sie werden von Ihrer Nachbarin um Hilfe gebeten. Da Sie jedoch gerade mit anderen Dingen beschäftigt sind, können Sie keine klare Entscheidung treffen. Bitten Sie daher um Bedenkzeit, so dass Sie sich über Ihre wahre innere Motivation sowie Ihre Bedürfnisse Klarheit verschaffen können. Wenn Sie sich zur Hilfe entscheiden, dann »programmieren« Sie dieses Erlebnis nach Ihren Wünschen. Erstellen Sie Ihre innere Vision, wie der entsprechende Tag ablaufen soll. Wenn Sie sich gegen die Mithilfe entscheiden, dann stellen Sie sich vor, wie Ihre Nachbarin mit Leichtigkeit andere Personen zur Unterstützung gewinnen kann. Vertrauen Sie darauf, dass Sie nicht die einzige Hilfe sind, die das Gesetz der Anziehung zu bieten hat.

So gilt also auch hier wieder: Achten Sie bewusst auf Ihre eigene Ausrichtung. Achten Sie auf positive Gedanken und Gefühle. Vertrauen Sie dem Gesetz der Anziehung, welches jedem stets die passende Hilfe liefert. Inspirieren Sie andere zu mehr Freude und Wohlbefinden, so dass für sie die beste Lösung sichtbar wird. Auf diese Weise geben Sie Hilfe zur Selbsthilfe – mit Leichtigkeit und ohne etwas zu tun, was Sie nicht tun wollen.

> *Es kommt häufig vor, dass man uns achtet*
> *nach dem Maße, wie wir uns selbst schätzen.*
> Luc de Clapiers Vauvenargues

Ich will dazu gehören

Klaus hatte vor ein paar Monaten seinen Arbeitsplatz gewechselt. Gern würde er seine neuen Arbeitskollegen besser kennenlernen. Derzeit fühlte er sich noch nicht so recht vom Team anerkannt. Er wusste zwischenzeitlich, dass seine Kollegen oft gemeinsam etwas unternahmen. Er würde so gern dazu gehören. Vielleicht engagierte er sich noch nicht genug? Mehr als freundliche Aufmerksamkeit hatte er bisher nicht erzielen können. Dies war jedes Mal der Fall, wenn er sich bereit erklärt hatte, eine zusätzliche Aufgabe für die anderen zu erledigen.

> ❯ Machen Sie sich Sorgen darüber, was Ihre Kollegen über Sie denken?
> ❯ Meinen Sie, durch besondere Leistungen glänzen zu müssen?
> ❯ Glauben Sie, sich Anerkennung verdienen zu müssen?

> Denken Sie, die Ansprüche Ihrer Kollegen stets erfüllen zu müssen?
> Haben Sie den Eindruck, nicht gut genug zu sein?

Wenn Sie diese Fragen mit Ja beantworten, dann werden Sie wahrscheinlich täglich Dinge tun, die Sie gar nicht tun wollen und ebenso wenig tun müssten. Die obigen Fragen stellen Denkmuster dar. Erinnern Sie sich daran, dass Ihr Denken vom Gesetz der Anziehung mit den passenden Situationen beantwortet wird. So wird das, was Sie denken, zu Ihrem realen Erleben. Dadurch, dass Sie dann diese unliebsame Situation erleben, fühlen Sie sich in Ihrem Denken bestätigt. So setzt sich die Kette dann weiter fort, denn das Gesetz der Anziehung muss Ihnen auch weiterhin Situationen liefern, die Ihrem Denken entsprechen. Schließlich sagen Sie dann: »So ist halt das Leben!« Ich würde jedoch sagen: »So ist halt Ihr Denken!«

Anerkennung muss nicht verdient oder erarbeitet werden! Wie fühlt sich dieser Gedanke für Sie an? Wie fühlen sich die obigen anderen Gedankenmuster an?

Wechseln Sie jetzt bitte wieder zur größeren Sicht. Anerkennung ist nichts weiter als eine Frequenz. Nun fragt sich nur: Sind Sie für diese Frequenz auf Empfang eingestellt? Wenn Sie Anerkennung erleben möchten, müssen Sie die entsprechende Frequenz zuvor ausgesendet haben.

Wertschätzung geben und erfahren

Anerkennung hat sehr viel mit Wertschätzung zu tun. Halten Sie kurz inne und prüfen Sie Ihre Gedanken des heutigen Tages: Waren diese voller Kritik oder eher wohlwollend? Sie wissen ja: Die Summe Ihrer Gedanken muss im positiven Bereich sein, damit Sie positive Erlebnisse haben können.

Wie viel Sinn macht es nun noch, dass Sie sich zum Beispiel über respektloses Verhalten beklagen oder beschweren? Nehmen Sie solchen Erlebnissen die Dramatik, indem Sie sich stets daran erinnern, dass es sich hierbei lediglich um die Antwort Ihrer vorausgegangenen Gedanken handelt. Sie waren also zuvor in einer negativen Ausrichtung. Punkt. Das ist alles. Ihr Job ist es nun, neue Gedanken zu finden, die eine positivere Ausrichtung haben.

Hier gebe ich Ihnen die beste Abkürzung für zielgerichtete Veränderungen in Ihrem Leben: Probieren Sie es mit Wertschätzung. Es geht hierbei nicht um Werte an sich, sondern um Personen, Dinge, Eigenschaften, Situationen. Im Prinzip findet sich immer und überall etwas, das Sie schätzen können beziehungsweise loben, gut finden, anerkennen, respektieren oder wofür Sie dankbar sein können.

Wenn Sie jetzt gerade daheim sitzen, dann sehen Sie sich um. Dabei ist es völlig egal, ob Sie ein Luxushaus bewohnen oder ein winziges Zimmer haben. All jene Dinge, die Sie umgeben, bieten Ihnen zahlreiche Gründe zur Wertschätzung. Beispielsweise sind da das bequeme Sofa, ein tolles Bild an der Wand oder Ihre prächtig gedeihenden Pflanzen.

Schenken Sie besonders den alltäglichen Dingen in Ihrem Leben mehr positive Beachtung. Eine Kaffeemaschine ist vielleicht nichts besonderes, doch wenn sie defekt ist, merken Sie sehr schnell, welch wunderbare Dienste sie Ihnen jeden Tag geleistet hat.

Sie können hieraus auch gern ein kleines Spiel machen: Wählen Sie sich einen Gegenstand aus, den Sie täglich benutzen, und räumen Sie in so beiseite, dass sie ihn für ein oder zwei Tage nicht zur Verfügung haben. Auf diese Weise schärfen Sie Ihre Wahrnehmung für die vielen kleinen Schätze in Ihrem Leben.

Kommen wir nun konkret auf das obige Beispiel zu sprechen. Nehmen wir an, Sie wünschen sich im Job mehr Anerkennung beziehungsweise möchten sich dazu gehörig fühlen. Eine mögliche Vorgehensweise wäre wie folgt: Als erstes müssen Sie natürlich Ihr gewünschtes Ziel festlegen. Welches Verhalten oder welche Art von Umgang miteinander wünschen Sie sich? Entwickeln Sie ein inneres Bild von Ihrem Wunschziel.

Als nächstes ändern Sie Ihre Wahrnehmung. Finden Sie in Ihrem Arbeitsumfeld Dinge, die Sie wertschätzen können: der große Schreibtisch, die technische Ausstattung, Blumen, Deko oder sonstige Details. Hierzu gehören auch Ihre KollegInnen. Finden Sie an diesen Personen etwas, das Sie schätzen oder wohlwollend anerkennen können. Dies können äußerliche Dinge sein wie etwa Frisur oder Kleidung. Vielleicht finden Sie aber auch eine Verhaltensweise, die Ihnen besonders gut gefällt. Dies hört sich vielleicht aufwendiger an, als es tatsächlich ist. Im Prinzip genügt es, wenn Sie ein positives Detail ausfindig gemacht haben und dann Ihre gesamte Aufmerksamkeit hierauf lenken.

Positives ist überall zu finden
Einzig wichtig sind Ihr positiver Fokus und Ihr wohlwollendes, anerkennendes Gefühl. Versuchen Sie, diese Ausrichtung für eine halbe Minute konsequent durchzuhalten. Sie werden recht schnell merken, dass Ihnen das Gesetz der Anziehung hierbei hilfreich zur Seite steht. Es wird Ihre positiven Gedanken mit Gleichem beantworten, was bedeutet, dass es Ihnen Positives liefert, was Sie wiederum veranlasst, weitere und stärkere positive Gedanken zu haben.

Diese Kette können Sie endlos fortsetzen. Sie gelangen in eine regelrechte Positivspirale, wobei Ihre Gefühle für Freude, Anerkennung, Respekt, Akzeptanz und Wertschätzung immer stärker werden. Kurz gesagt: Sie fühlen sich rundum wohl, frei und unbesiegbar. Und genau das senden Sie auch aus. Was meinen Sie nun, wird wohl die Antwort hierauf sein? Sind Unfreundlichkeit, Intrigen oder gar Mobbing ein passendes Gegenstück? Nein! In einer positiven Ausrichtung können Sie immer nur positive Erlebnisse haben!

Wie gefällt Ihnen die Idee, dass Sie allein durch einen winzigen Gedanken der Wertschätzung eine immense Kettenreaktion auslösen können, welche Ihr gesamtes Erleben von Grund auf zum Positiven verändern kann?

Probieren Sie es aus – und halten Sie dann die Augen offen für die vielen Werte und Schätze, die in Ihrem Leben sichtbar werden. Die KollegInnen um Sie herum werden Ihnen wie verwandelt vorkommen. Sie werden all die Anerkennung und Zugehörigkeit erhalten, die Sie sich immer gewünscht haben – und zwar mit wunderbarer Leichtigkeit. Ihre Gedanken sind der Schlüssel hierzu! Nutzen Sie ihn und erschließen Sie sich eine Welt voll unbegrenzter Möglichkeiten!

Der Glückliche ist mit sich und seiner Umgebung einig.
OSCAR WILDE

Ich will keinen Ärger bekommen.

»Endlich Feierabend!«, dachte Klaus. Ein ereignisreicher Tag lag hinter ihm, und er freute sich auf den Abend. Er war mit Freunden zum Essen verabredet. Eigentlich wollte er schon längst unterwegs sein. Er räumte schnell noch zwei Ordner in den Schrank, als sein Chef den Raum betrat. »Ich habe hier eine Kalkulation, die unbedingt heute noch überprüft werden muss«, sagte er.

»Schon wieder Überstunden«, dachte Klaus. »Die kann ich heute nun wirklich nicht gebrauchen.« Klaus fühlte sich ausgeliefert und hilflos. Was sollte er tun? Musste er ständig sein Privatleben opfern?

»Könnte dies vielleicht jemand anderes übernehmen?«, fragte Klaus vorsichtig an. »Ich habe heute Abend nämlich einen Termin.« Als Antwort hierauf erhielt er von seinem Chef dessen übliche Ausführungen über Engagement und

berufliche Verantwortung. Klaus spürte seine Unzufrieden-
heit sowie seine Erwartungshaltung, dass er seine Anwei-
sungen befolgen müsse.

Er befürchtete, dass eine Weigerung jede Menge Ärger
nach sich ziehen würde, vielleicht sogar noch tiefer gehende
Konsequenzen haben könnte. Er wollte doch keine Queru-
lant sein, sondern Karriere machen und Anerkennung fin-
den! »Die Jobs liegen ja nicht auf der Straße«, dachte er.
»Da muss ich mich wohl in mein Schicksal fügen.« Und so
sagte er Ja, übernahm die zusätzliche Arbeit und sagte sei-
nen Termin ab.

Gerade im Berufsleben wird häufig auf Macht zurückge-
griffen. Viele meinen, dass man andere beherrschen könnte
oder eine Veränderung erzwingen könnte, indem man
Druck ausübt oder mit Konsequenzen droht.

Zuerst einmal möchte ich Ihnen sagen: Niemand hat
Macht über Sie! Das wurde Ihnen bisher immer nur einge-
redet. Die einzige und wahre Macht in Ihrem Leben sind Ihre eigenen Gedanken. Ihr Leben beruht auf absoluter Freiheit – und zwar der Freiheit, welche Gedanken Sie wählen
möchten.

Was wurde Ihnen von Ihren Eltern zum Thema »Chef«
beigebracht? Wenn Sie jetzt an Ihren Arbeitsplatz
denken, wie fühlen Sie sich dabei? Vielleicht kommen
Ihnen die folgenden Gedankenmuster bekannt vor:

> Ich bin von meinem Chef abhängig.
> Jobs liegen nicht auf der Straße.
> In meinem Alter bekomme ich nichts anderes mehr.
> Ich muss mich anpassen und unterordnen.
> Ich muss die Anweisungen befolgen.
> Der Job geht vor. Ich muss Privates zurückstellen.

Wenn Sie sich in Ihrem Job ausgeliefert und hilflos fühlen, dann haben Sie vielerlei Gedanken von Abhängigkeit und Zwang. So macht Ihnen die Arbeit natürlich auch keinen Spaß. Niemand fühlt sich gern als Marionette. Doch Sie sind kein Eigentum des Chefs. Ihr Arbeitsvertrag ist schließlich kein Kaufvertrag. Der Ausweg aus diesem Dilemma ist einfach: Nutzen Sie Ihr Wissen über die physikalischen Grundlagen: Die Energie folgt der Aufmerksamkeit. Bisher haben Sie sich jede Menge Gedanken über die unerwünschten Situationen gemacht. Dies führt jedoch lediglich dazu, dass Ihnen das Gesetz der Anziehung mehr Unerwünschtes liefern muss. Also fragen Sie sich lieber: Was will ich stattdessen?

Lassen Sie Ihrer Phantasie freien Lauf. Entspannen Sie sich. Die »Realität« ist nicht in Stein gemeißelt. Sie ändert sich in jeder Sekunde – und zwar auf Grundlage der Veränderung Ihrer Gedanken.

Bitte erinnern Sie sich immer wieder daran: Ihre Gedanken erschaffen Ihre Realität. Immer! Lassen Sie einfach mal für zehn Minuten alle Gedankenmuster hinter sich und denken Sie ausschließlich an das, was Ihnen an Ihrem Job gefällt, was Sie begeistert, was Sie richtig gut fühlen lässt! Machen Sie eine Liste aller positiver Dinge in Ihrem Job.

Je mehr Sie sich auf die positiven Seiten Ihres Jobs ausrichten, umso schneller müssen die negativen Dinge aus Ihrem Erleben verschwinden. Kümmern Sie sich vorrangig um Ihr Wohlbefinden und vertrauen Sie darauf, dass das Gesetz der Anziehung Ihnen die gewünschte Veränderung liefert.

Wichtig ist auch Ihre Wahrnehmung. Was denken Sie über Ihren Chef?
> Er ist oft schlecht gelaunt.
> Er meckert ständig herum.
> Er behandelt andere respektlos.
> Er schiebt ständig anderen die Schuld zu.
> Er ist sehr dominant und lässt keine Widerworte zu.
> Er weiß meine Arbeit gar nicht zu schätzen.
> Er muss immer das letzte Wort haben.

Wie fühlen sich diese Aussagen an? Was meinen Sie, wird wohl die Antwort hierauf sein?

Manch einer wird jetzt vielleicht sagen wollen: »Aber mein Chef ist so!« Ich würde jedoch sagen: »Ihre Wahrnehmung lässt Ihren Chef so erscheinen.« Das heißt weiter: »Ihre Gedanken sind so!« Wenn Ihre Meinung über Ihren Chef den vorab aufgeführten Gedanken entspricht, dann ist es absolut logisch, dass Sie Ihn genau so erleben müssen.

Nach wie vor ist es unmöglich, dass Sie Ihr Radio auf den Sender von 92,2 MHz einstellen und dann die Musik von 98,8 MHz hören. Oder anders ausgedrückt: Wenn Sie andere kritisieren, dann erhalten Sie Kritik als Antwort. Das Gesetz der Anziehung reagiert auf Ihre Gedanken stets mit »So sei es!« Wenn Sie nun sagen: »Mein Chef ist so!«, dann muss Ihr Erleben genau dieser Wahrnehmung entsprechen. Daher bekommen Sie weitere unliebsame Situationen geliefert, und Sie fühlen sich in Ihrer Wahrnehmung bestätigt. »Er ist so!« Doch alles, was Sie am anderen wahrnehmen, ist lediglich jene Frequenz, die bei Ihnen gerade aktiv ist. Ihr Chef hat noch unzählige andere und vor allem positive Eigenschaften, die Sie aufgrund Ihrer eigenen negativen Frequenz derzeit nicht wahrnehmen können.

Kritik nützt niemandem

Niemand kritisiert gern. Kritik fühlt sich immer schlecht an, denn man ist auf etwas Negatives fokussiert. Unsere unguten Gefühle wollen uns daher mitteilen, dass wir uns gerade in einer negativen Frequenz befinden, wodurch wir dann negative Dinge anziehen. Trotz all dieser unliebsamen Auswirkungen kritisieren wir täglich – mehrfach! Kritik wird häufig aus folgenden Gründen angewendet:

> Wenn man jemand anderen negativ beurteilt, steht man selbst besser dar.

> Durch Kritik wird versucht, die Verantwortung oder Schuld für etwas an andere abzugeben.

Warum jedoch diese Gründe ihr Ziel meilenweit verfehlen, wird aus größerer Sicht deutlich: »Wenn ich andere erniedrige, dann erhöhe ich mich selbst« ist ein klarer Irrtum. Kritik ist eine negative oder »niedrige« Frequenz. Damit kann man keinerlei »Höhe« erschaffen. Dies gelingt nur durch eine »hohe« oder positive Frequenz wie etwa Freude oder Wertschätzung.

Verantwortung und Schuld kann man niemand anderem zuschieben. Selbst wenn die ganze Welt Ihnen recht geben könnte, dass der andere Sie schlecht oder ungerecht behandelt hat, so liegt trotzdem die Ursache für dies Verhalten allein bei Ihnen.

Niemand hat Zutritt zu Ihrem Leben, der nicht Ihrer Frequenz entspricht. Sie allein sind für Ihr Erleben verantwortlich. Die Gestaltung Ihres gesamten Lebens geschieht einzig und allein aufgrund Ihrer Gedanken! Können Sie Ihre unendliche Macht hierin erkennen? Sehen Sie die grenzenlose Freiheit? Ist es nicht wunderbar, wie herrlich einfach das Prinzip ist? Kritik führt zu weiterer Kritik und Freude bringt Ihnen weitere Freude. Einfacher kann es nun wirklich nicht sein.

> Sehen Sie Ihren Job eigentlich als Pflicht oder als Freude?
> Gehen Sie gern zur Arbeit?
> Haben Sie Spaß an dem, was Sie tun?

> Fühlen Sie sich verpflichtet, Ihr Privatleben zu »opfern«?
> Haben Sie morgens schon eine negative Erwartungshaltung?

Aus Pflicht kann niemals Freude erwachsen. Dies sind zwei gegensätzliche Frequenzen. Erst wenn Sie in allem, was Sie tun, Freude entdecken, werden Sie jede Menge erfreuliche Erlebnisse haben können.

Eine mögliche Vorgehensweise für Veränderungen: Lassen Sie alle bisherigen negativen Erfahrungen hinter sich. Diese waren ja schließlich nur die Antwort auf Ihre vorausgegangenen Gedanken. Nutzen Sie Ihre Wohlfühlliste und bringen Sie sich in eine positive Stimmung.

Nun erstellen Sie Ihre Vision über Ihren Arbeitsplatz. Wie soll der Tag ablaufen? Welche Art von Begegnungen und Gesprächen wünschen Sie sich? Womit möchten Sie sich am liebsten beschäftigen? Bestimmen Sie Ihre Ziele. Sie können alles nach Ihren Wünschen programmieren.

Um diese Visionen nun Wirklichkeit werden zu lassen, müssen Sie sich auf »Empfangsfrequenz« befinden. Das bedeutet: Wenn Sie sich einen freudvollen Tag wünschen, müssen Sie zuerst selbst Freude aussenden. Am besten finden Sie insgesamt neue, positivere Gedanken zu Ihrem Job, Ihrem Chef und Ihren Kollegen. Finden Sie Dinge, die Sie schätzen, die sie gut finden, die Ihnen gefallen.

Oftmals ist besonders das Verhältnis zum Chef negativ geprägt. In vielen Köpfen herrscht noch die Vorstellung, dass der Chef seine Angestellten »beherrschen« müsse. Doch Druck erzeugt bekanntlich nur Gegendruck. Ein produktives und harmonisches Arbeitsklima lässt sich nicht erzwingen, sondern hierzu sind freundliche und harmonische Gedanken erforderlich.

Nicht alles persönlich nehmen

Zum Erlangen einer neuen, größeren Sicht versetzen Sie sich bitte einmal an die Stelle Ihres Chefs. Er hat das gesamte Unternehmen zu leiten. Er möchte einen guten Umsatz und Gewinne erzielen. Er hat den Einsatz der Mitarbeiter zu managen und zuverlässig für deren Bezahlung zu sorgen. Er muss täglich viele Entscheidungen treffen, koordinieren und voraus planen. Möchten Sie gern an seiner Stelle sein?

Bei der Vielfalt seiner Aufgaben und Zuständigkeitsbereiche hat er vielleicht nicht immer seine Stimmung im Griff. Nehmen Sie dies nicht persönlich! Konzentrieren Sie sich stattdessen lieber auf etwas Positives, und lassen Sie sich Ihre Stimmung von nichts und niemandem verderben.

Ein gutes Beispiel für die größere Sicht ist die folgende Geschichte:

> Version 1: Ein Gast saß in einem Restaurant und wollte gern etwas zu essen bestellen. Er war jedoch unschlüssig und stellte einige Fragen, die von der Kellnerin sehr knapp und leicht unwirsch beantwortet wurden. Die schlechte Laune schien ihr ins Gesicht geschrieben. Er

fühlte sich unfreundlich bedient und beschloss, kein Trinkgeld zu geben.

> Version 2: Der Gast bestellte bei der (auf den ersten Blick) unfreundlichen Kellnerin. Er beobachtete sie eine Weile und fragte sich, was sie wohl heute Schlechtes erlebt haben mochte. Ihr Gesicht sah sehr traurig aus. Dann hörte er zufällig ein Gespräch zweier ihrer Kolleginnen. Daraus ging hervor, dass sie gerade eine ernste ärztliche Diagnose erhalten hatte. So konnte er ihre derzeitige Gemütslage gut verstehen und beschloss, ein extra großes Trinkgeld zu geben.

Welche Version gefällt Ihnen besser? Gleiches mit Gleichem zu vergelten ist niemals die Lösung. Für jedes Verhalten gibt es einen Grund. Dies soll keine Entschuldigung für ein schlechtes Benehmen sein, sondern eher eine Anregung, tiefer hinter die Fassade zu blicken und nach etwas Positivem Ausschau zu halten.

Schenken Sie denen ein Lächeln, die gerade nicht lächeln können, denn die haben es am meisten nötig. Inspirieren Sie andere, auf andere Gedanken zu kommen. Verschaffen Sie ihnen Ablenkung, Motivation und Verständnis – und ganz nebenbei werden Sie jede Menge hiervon zurück erhalten.

So zeigt sich auch hier wieder: Der Ausweg aus jeglicher unerwünschten Situation ist ganz einfach. Suchen Sie bewusst nach Positivem. Achten Sie auf Ihre Stimmung. Achten Sie darauf, sich gut zu fühlen. Widmen Sie sich den Dingen, die Ihnen Freude bereiten. Erwarten Sie stets das Beste und vertrauen Sie auf das Gesetz der Anziehung.

An sich ist nichts weder gut noch böse.
Das Denken macht es erst dazu.
WILLIAM SHAKESPEARE

Ich will nicht unfreundlich sein

Susanne betrat die kleine Küche des Büros. Dort standen drei ihrer Kolleginnen, die offensichtlich darin vertieft waren, über andere Personen zu tratschen. Susanne mochte diese Art von Gesprächen ganz und gar nicht. Sie fühlte sich jedes Mal unwohl dabei, doch sie wusste nicht, wie sie sich aus solchen Situationen befreien konnte. Es wurde von ihr erwartet, dass sie sich der Tratschmeinung anschloss. Sie traute sich nicht, mit einem klaren Nein ihre Grenzen zu ziehen. Susanne hielt Abgrenzung für unfreundlich. Sie hatte oftmals das Problem, ihre eigene Meinung zu sagen, aus Furcht vor dem Urteil der anderen. Sie brachte es nicht fertig, die Erwartungen anderer zu enttäuschen. So erledigte sie jeden Gefallen, übernahm Tätigkeiten, die sie gar nicht wollte, und beantwortete jede Anfrage mit einer Zusage. All dies hielt sie den ganzen Tag auf Trab, sodass sie abends oft müde und erschöpft war.

Freundlichkeit um jeden Preis? Meinen Sie, dass Sie nur freundlich sein können, wenn Sie Ja sagen? Ist ein Nein für Sie immer unfreundlich?

Ein Wechsel zur größeren Sicht bringt Licht in die Sache: Freundlichkeit können Sie immer nur dann erleben, wenn Sie diese zuvor selbst ausgesendet haben – und in dem

Fall sind Sie nicht auf Empfang für Unfreundlichkeit. So liegt die Ursache für Ihr Erleben also auch hier in Ihnen selbst, in Ihren Gedanken.

Erinnern Sie sich immer wieder daran, dass es Ihre Gedanken sind, die Ihre Frequenz bestimmen. Wenn Sie unfreundliche Reaktionen erhalten, liegt dies an Ihren vorherigen unfreundlichen Gedanken. Wenn andere Sie als unfreundlich empfinden, liegt das an deren Gedanken. Sehen Sie? Ihr Denken hat immer nur auf Ihr Leben Einfluss.

Die Frequenz Ihres Denkens bestimmt Ihre Wahrnehmung. Somit können Sie den »Urteilen« anderer mit großer Gelassenheit entgegen sehen. Die Meinung von anderen Personen ist immer nur ein Resultat deren derzeit aktiver Frequenz. Menschen mit negativem Denken können daher stets nur negative Dinge wahrnehmen. Sie sind blind für all das Positive um sie herum. So kann es dann auch geschehen, dass andere etwas falsch verstehen, etwas »in den falschen Hals bekommen«, da sie aus dem Gespräch etwas ganz anderes heraushören, als Sie es meinten. Doch dafür sind Sie nicht verantwortlich. Lassen Sie sich nicht beirren. Die Ursache für alles, was andere hören, sehen und erleben liegt absolut außerhalb Ihres Zuständigkeitsbereiches.

Wie gehen Sie mit sich selbst um?
Sie dürfen nun also endlich damit aufhören, sich darüber Gedanken zu machen, was andere über Sie denken. Dies ist für Sie nämlich gänzlich unwichtig. In Ihrem Leben sind nur IHRE Gedanken wichtig – vor allem die über sich selbst. Halten Sie jetzt einfach einmal kurz inne und fragen

Sie sich: Wie denke ich über mich selbst? Sind meine Gedanken voller Kritik und Unzufriedenheit? Oder bin ich mir selbst wohlgesonnen?

Bei vielen ist es so, dass sie selbst ihre schärfsten Kritiker sind. Fehler von anderen werden wesentlich leichter verziehen als eigene. Wie ist es bei Ihnen? Ist Ihnen bewusst, wie oft Sie am Tag mit sich selbst unzufrieden sind? Jeder einzelne dieser kleinen negativen Gedanken hält Sie im negativen Frequenzbereich fest, und das Gesetz der Anziehung muss Ihnen weitere Erlebnisse liefern, die Ihr negatives Denken noch bestärken.

Respekt, Anerkennung oder Freundlichkeit – egal, was Sie sich wünschen –, es muss zuerst von Ihnen selbst ausgesendet werden. Daher ist es unerlässlich, dass Sie sich selbst mit Respekt, Anerkennung und Freundlichkeit behandeln. Auch hier liegt der Schlüssel wieder in Ihren Gedanken – über sich selbst.

Sie sind ein einzigartiger Mensch mit vielfältigen Fähigkeiten, Eigenschaften, und Besonderheiten. Was würde Ihnen hierzu einfallen? An dieser Stelle möchte ich Ihnen empfehlen, dass Sie sich ein wenig Zeit nehmen und einmal alles aufschreiben, was Sie an sich selbst als positiv sehen können. Am besten tun Sie dies, wenn Sie in einer guten Stimmung sind, denn dann ist Ihre Wahrnehmung in einer positiven Frequenz und Sie können wesentlich mehr Positives erkennen. Formulieren Sie am besten ganze Sätze, und zwar zu allem, was zu Ihrem Wesen gehört, also zu Ihrem Körper, Ihren Erfahrungen, Ihren Charakterzügen. Dies könnte beispielsweise so aussehen:

> Ich bin zufrieden mit meinem Körper. Seine Funktionsweise ist ein wahres Wunderwerk.
> Ich habe eine schnelle Auffassungsgabe und kann neue Dinge schnell erlernen.
> Ich kann auch in hektischen Situationen gut die Ruhe bewahren.

Diese Liste können Sie beständig fortsetzen. Immer, wenn Ihnen etwas einfällt, fügen Sie es hinzu. Sie werden staunen, was Sie alles Positives an sich selbst entdecken können. Lesen Sie sich diese Liste jeden Tag durch, so dass Sie sich stärker an diese Art des Denkens gewöhnen und somit die negativen Gedanken immer mehr zur Ausnahme werden. Seien Sie nett und wertschätzend sich selbst gegenüber. Entwickeln Sie freundliche Gedanken über sich selbst. Nur so können Sie dann auch Freundlichkeit als Antwort erhalten.

Gewöhnen Sie sich an, stets nach positiven Dingen Ausschau zu halten. Suchen Sie Gedanken, die Ihnen Freude bereiten. Auf diese Weise werden Sie stets angenehme Erlebnisse haben. Zu Anfang ist dieses »positive Verhalten«

noch etwas ungewohnt, und Sie fallen vielleicht auch gelegentlich in Ihre alten Muster zurück. Doch jedes Mal, wenn Sie sich in einer Situation befinden, in der Sie sich unwohl fühlen, dann erinnern Sie sich daran: Es liegt lediglich an Ihren »unwohligen« Gedanken – und diese können Sie ja bekanntlich jederzeit verändern.

Eine mögliche Vorgehensweise wäre die folgende: Sie erkennen an Ihrem negativen Gefühl, dass Ihre gedankliche Ausrichtung sich gerade in einem negativen Bereich befindet. Kein Problem. Sagen Sie sich selbst, dass diese Situation ja nur die Antwort auf Ihre vorausgegangenen Gedanken ist. Beschließen Sie nun, einen angenehmen Gedanken zu finden. Finden Sie irgendetwas, das Sie besser fühlen lässt, egal ob es etwas an den Personen um Sie herum ist, ein Detail der Kleidung oder Deko, oder ob es eine freudvolle Erinnerung ist, die mit all dem gar nichts zu tun hat. Nutzen Sie alle Ablenkung, die Sie finden können. Hauptsache ist, dass Sie sich dadurch besser fühlen.

Aus einer positiven Stimmung heraus haben Sie einen grundlegend anderen Betrachtungswinkel der Situation. Sie erkennen so viel leichter die vielfältigen Hintergründe und nehmen Äußerungen anderer nicht persönlich. Mit dieser Freiheit und Leichtigkeit können Sie nun Ihre Meinung in positiver Weise äußern, beispielsweise:

> »Ich kann Ihre Meinung und Sicht gut verstehen. Allerdings denke ich etwas anders darüber. Außerdem kenne ich nicht die wirklichen Hintergründe und möchte mir auch kein Urteil erlauben.«

> »Ich möchte mich nicht in die Angelegenheiten anderer

einmischen. Ich kenne ja nur einen Teil der Geschichte und bin sicher, dass alles nur halb so wild ist wie es gerade aussieht.«

Es gibt einen spürbaren Unterschied zwischen echter und aufgesetzter Freundlichkeit. Vielleicht haben Sie auch schon einmal eine Situation erlebt, in der Sie fühlten, dass irgendetwas nicht stimmt. Die Worte, die Sie hörten, waren zwar freundlich, aber Sie spürten bei der Person eine andere Stimmung.

Die Worte Ihres Gesprächspartners sind nur ein Bruchteil von dem, was Sie wahrnehmen. Vergessen Sie nicht die Körpersprache und die Fähigkeit, Stimmungen zu fühlen. Sie können mit Ihren Sinnen viel mehr wahrnehmen, als Ihnen bewusst ist. Wenn Sie Ihren Fokus auf Ihr Gegenüber lenken, sind Sie empfänglich für dessen aktive Frequenzen. So kann es dann sein, dass jemand zwar mit Worten freundlich zu Ihnen ist, aber Sie können es nicht als freundlich empfinden. Daher macht es keinen Sinn, um jeden Preis freundlich zu sein. Wahre Freundlichkeit muss von innen kommen – und dies gelingt nur in einer freudvollen Stimmung.

Freundlichkeit können Sie durchaus auf Ihre Ziele-Liste setzen, wie zum Beispiel
> Ich wünsche mir immer mehr freudvolle und freundliche Begegnungen.
> Ich wünsche mir stets ein freundliches Miteinander.
> Ich wünsche mir Freundlichkeit und Harmonie in meinem Leben.

Machen Sie es sich zur Gewohnheit, schon gleich als erstes am Morgen Ihre Gedanken auf das zu lenken, was Sie gut fühlen lässt. Bringen Sie Stück für Stück mehr Freude in Ihr Leben. Fassen Sie den Entschluss, sich mehr auf Freudvolles auszurichten. Somit wird sich Ihre gesamte Ausstrahlung ändern. Sie werden dann auch von anderen ganz anders behandelt, da Sie ganz klar zum Ausdruck bringen: Ich meine es so wie ich es sage.

Je mehr Sie auf Ihre Gefühle achten, um so ehrlicher werden Sie – gegenüber anderen und auch sich selbst. Ferner trägt Ihre spürbare Freude und Freundlichkeit dazu bei, dass Sie passende Worte finden, um Ihre Grenzen zu setzen. Sie haben dann eine Ausstrahlung voller Freude, Respekt und Wertschätzung. Solange Sie diesen Fokus halten, wird alles Negative für Sie unsichtbar und unerlebbar. Leben Sie Freude und Ihr Leben wird die reinste Freude sein!

> *Eine Erfolgsformel kann ich dir nicht geben;*
> *aber ich kann dir sagen, was zum Misserfolg führt:*
> *der Versuch jedem gerecht zu werden.*
> Herbert Bayard Swope

Ich muss mich nach den Wünschen anderer richten

Susanne warf einen Blick in ihren Terminkalender und seufzte. Für fast jeden Tag war eine Verabredung eingetragen. Für morgen Abend hatte sie einem Treffen mit ihrer ehemaligen Schulkameradin Eva zugesagt. Sie hatten sich für einige Jahre aus den Augen verloren. Vor drei Wochen hatte

Eva sie dann überraschend angerufen. Im Laufe des Ge-
sprächs stellte Susanne jedoch fest, dass sie beide kaum noch
Gemeinsamkeiten hatten. Trotzdem hatte sie einem Treffen
zugestimmt. Doch heute fühlte sie sich bei dem Gedanken
daran gar nicht wohl. Am liebsten würde sie absagen. Sie
war hin und her gerissen. Einerseits fühlte sie sich verpflich-
tet, ihre Verabredungen auch einzuhalten, und andererseits
wollte sie gern ihre vormalige Entscheidung widerrufen. »Ich
kann doch Eva nicht enttäuschen«, dachte Susanne. »Sie
freut sich so sehr auf das Wiedersehen. Ich muss doch ihren
Wunsch erfüllen, ich habe ja schließlich zugesagt.«

Die Wünsche anderer zu erfüllen ist an sich nichts Ver-
werfliches. Wichtig ist hierbei jedoch die eigene innere Einstellung. So können Sie zum einen aus Gewohnheit handeln und zum anderen aus innerer Überzeugung. Die Unterschiede und besonders die Auswirkungen sind gravie-
rend. Daher betrachten wir uns diese Situation nun einmal
genauer. Welches Gedankenmuster kommt Ihnen bekannt
vor:

> Verabredungen muss man einhalten.
> Eine Zusage kann man nicht zurücknehmen.
> Man darf die Erwartungen anderer nicht enttäuschen.
> Man muss die Wünsche anderer erfüllen.

Fallen Ihnen noch weitere Muster ein? Welche Reaktion bewirken diese Sätze in Ihnen? Haben Sie hierbei gute oder
schlechte Gefühle? Fühlen Sie Freiheit oder eher Pflicht und
Zwang?

Etwas zu tun, was negative Gefühle verursacht, ist keine gute Idee. Das unwohlige Gefühl sagt Ihnen nämlich: »Pass auf! Du tust gerade etwas, das du gar nicht willst. Du richtest dich auf etwas aus, das nicht zu dir passt und dir nicht gefällt.« Dies geschieht jedes Mal, wenn Sie aus Gewohnheit handeln, aus Pflichtgefühl oder Ihrem gedanklichen Zwang, sich stets anpassen zu müssen.

Handlungen aus innerer Überzeugung fühlen sich immer gut an. Sie tun dann nur Dinge, die Sie auch wirklich wollen. Sie haben sich frei hierfür entschieden. Sie fühlen sich gut und sind voller Vorfreude. In dieser guten Stimmung werden Sie dann auch erfreuliche Erlebnisse haben.

Diese freudvolle innere Einstellung können Sie jederzeit erlangen, einfach indem Sie Ihren Fokus ändern. Solange Sie gedanklich auf den Dingen beharren, die Sie nicht wollen, erhalten Sie mehr hiervon. Das Gesetz der Anziehung bringt Ihnen stets mehr von dem, worauf Sie Ihre Aufmerksamkeit richten. Sowie Sie jedoch Ihre Gedanken um all jene Dinge kreisen lassen, die Sie stattdessen wollen, wird sich auch Ihr Erleben dementsprechend verändern.

Wissen, was man eigentlich will

Machen Sie sich dieses Wissen zunutze und kümmern Sie sich in erster Linie um Ihre Gedanken. Sie haben nun also diese Verabredung, die Sie eigentlich gar nicht wahrnehmen möchten, trauen sich jedoch nicht, abzusagen. Machen Sie sich zuerst klar, dass Sie niemandem gegenüber zu irgendetwas verpflichtet sind. Sie sind nicht für das Erleben von anderen verantwortlich. Wenn andere sich verletzt oder enttäuscht fühlen, dann liegt das an deren Wahrnehmung. Der andere hatte neben seinem Wunsch auch die Erwartungshaltung, dass Sie für diese Erfüllung zuständig wären. Lassen Sie sich von niemandem Verpflichtungen einreden – schon gar nicht von Ihnen selbst! Sie sind absolut frei und können sich jederzeit neu entscheiden.

Voraussetzung hierfür ist jedoch, dass Sie wissen, was Sie wirklich wollen. Daher fragen Sie sich: »Was will ich stattdessen?« Vielleicht möchten Sie ja viel lieber einen freien Abend nur für sich haben. Stellen Sie sich vor, wie Sie diesen Abend verbringen möchten. Malen Sie sich aus, was Sie tun möchten und wie Sie sich dabei fühlen. Lassen Sie in Ihrem Kopf innere Bilder hierzu entstehen und fühlen Sie sich so intensiv wie möglich hinein. Halten Sie dieses Wohlbefinden, indem Sie bewusst nach Dingen Ausschau halten, die Ihnen Freude bereiten. Halten Sie Ihre Gedanken in einer positiven Ausrichtung – egal wie. Vertrauen Sie auf die präzise Antwort, die Sie hierauf erhalten werden. Das Gesetz der Anziehung muss Ihnen jetzt Erlebnisse liefern, die Ihnen Freude bereiten.

So kann es dann passieren, dass der Termin von anderer Seite oder aus den verschiedensten Gründen abgesagt wird. Seien Sie gewiss: Solange Sie darauf achten, sich gut zu fühlen, werden Sie stets Wohlfühlerlebnisse haben, und zwar völlig unabhängig davon, was andere von Ihnen erwarten oder verlangen. Allein Ihre gedankliche Ausrichtung macht den Unterschied zwischen Pflicht und Freude.

Denken Sie bitte immer daran, dass es keine Nicht-Frequenz gibt. Jedes »Ich will nicht« bringt Ihnen mehr Unerwünschtes. Sie haben aber die Möglichkeit, sich auf das auszurichten, was Sie stattdessen wollen. Eine weitere Variante besteht darin, den Termin nicht abzusagen, sondern nach Ihren eigenen Vorstellungen im Voraus zu »programmieren«. Überlegen Sie sich hierzu, wie der Abend ablaufen soll. Was möchten Sie gern erleben? Wie möchten Sie sich fühlen? Lassen Sie hierzu innere Bilder entstehen und bringen Sie Ihre Gefühle mit hinein. Auf diese Weise signalisieren Sie: So will ich es haben! Und das Gesetz der Anziehung muss darauf antworten: So sei es!

Ihre Gedanken erschaffen Ihr Erleben. Also, überlegen Sie, was Sie erleben wollen, und dann bringen Sie Ihre Gedanken in diese Richtung. Den Rest erledigt das Gesetz der Anziehung für Sie. Es liefert Ihnen Personen, Situationen und auch Ideen, die zur Erfüllung Ihrer Wünsche erforderlich sind. Dies gilt für jeden. Die Grundlage für die Erfüllung all Ihrer Wünsche ist somit Ihre gedankliche Ausrichtung – nicht Ihr Handeln und auch nicht das Handeln anderer Personen. Es liegt nicht in Ihrer Pflicht, die Bedürfnisse und Wünsche anderer zu erfüllen. Wenn Sie nämlich nicht mit Freude dabei sind, kann Ihre Hilfe nicht zur Freude führen.

Ihre Klarheit schafft Klarheit um Sie herum
Und noch eins: Je mehr Sie sich mit Dingen befassen, die Ihnen Freude und Wohlbefinden bereiten, umso mehr müssen sich auch Ihre Erlebnisse in diese Richtung verändern. Auf diese Weise werden unliebsame Verpflichtungen immer mehr aus Ihrem Leben verschwinden, da diese kein passendes Gegenstück zu Ihrer inneren Ausrichtung darstellen. So

lassen Sie mit Leichtigkeit und ganz ohne Kampf, Stress oder Streit alles Unerwünschte hinter sich.

Denken Sie immer daran, dass Sie stets die Freiheit haben, sich neu zu entscheiden. Dieser Meinungswechsel muss jedoch für niemanden zum Nachteil sein. Wichtig ist nur, dass Sie eine klare Entscheidung treffen, was Sie stattdessen wollen, und sich hierauf ausrichten. Das Gesetz der Anziehung wird dann für alle Beteiligten die perfekte Lösung liefern. Es kennt weitaus mehr Wege, als Sie jemals für möglich halten würden. Vertrauen Sie darauf und kümmern Sie sich um das einzig Wichtige in Ihrem Leben: Ihr Wohlbefinden.

> *Steh zu dir, denn du bist das Wertvollste,*
> *das du auf dieser Welt hast.*
> DR. EBO RAU

Ich darf niemanden vor den Kopf stoßen

»Monika, du hilfst mir doch wieder, nicht wahr?«, fragte Gabi und sah sie erwartungsvoll an. Monika spürte ein flaues Gefühl im Bauch. Für den kommenden Samstag hatte sie sich bereits etwas anderes vorgenommen. Und nun sollte sie stattdessen beim Umzug helfen. Sie hatte immer geholfen. Wie konnte sie da jetzt Nein sagen? Gabi würde es doch allein nicht schaffen.

Auch in solchen Situationen geht es wieder um die Erwartungen anderer. Doch Sie sind nicht verpflichtet, diese zu erfüllen. Natürlich dürfen Sie gern helfen – allerdings bitte nur aus einer positiven Motivation heraus. Ein Umzug kann eine Menge Spaß bereiten. Er kann aber auch zur Belastung werden. Eine Absage aus gesundheitlichen Gründen würde jeder verstehen, doch wie sieht es mit anderen Gründen aus? Trauen Sie sich zu sagen, dass Sie keine Lust haben oder schon etwas anderes vorhaben?

Monika spürte ein flaues Gefühl im Bauch.

Auf jeden Fall sollten Sie stets auf Ihr Gefühl achten. Wenn Sie sich nicht wohl fühlen bei dem Gedanken zu helfen, dann sollten Sie keine spontane Zusage geben. Verschaffen Sie sich einen zeitlichen Spielraum und sagen Sie, dass Sie es sich überlegen werden. Nun können Sie in aller Ruhe herausfinden, was Sie wirklich wollen. Sie können sich einerseits auf das ausrichten, was Sie stattdessen wollen, und gute Gefühle hierzu entwickeln. Sie können aber auch nach positiven Aspekten des Umzugs und Ihrer Mithilfe suchen und somit gute Gefühle hierzu erschaffen. Es geht also nicht darum, keine Hilfe zu gewähren, sondern sich bei der Hilfsaktion gut zu fühlen. Nur wenn Sie sich gut fühlen und eine positive Einstellung haben, werden Sie einen freudvollen und erfolgreichen Tag erleben.

Sie hatte immer geholfen.

Selbst wenn Sie viele Jahre lang stets Ja gesagt haben und immer als Hilfe bereit standen, so haben Sie trotzdem jederzeit das Recht, sich für ein Nein zu entscheiden. Ihr Ja sagen ist lediglich eine Gewohnheit, deswegen fällt ein Nein oftmals schwerer, denn es fühlt sich ungewohnt an. Gewohnheiten sind an sich nichts Schlechtes, doch sie wiegen uns gelegentlich in einer trügerischen Sicherheit. Gewohnheiten fühlen sich vertraut an. Wir reagieren dann oftmals zu schnell mit Zusagen, ohne die Sache zu hinterfragen. Deswegen ist es so wichtig, dass Sie auf Ihre inneren Reaktionen achten, jene kleinen Impulse, die Sie kurz zögern oder zweifeln lassen.

Menschen ändern sich. Sie haben stets neue Ziele und Wünsche, sie haben andere Bedürfnisse. Sie ändern ihre Meinungen und Ansichten. Doch die wenigsten ändern ihre Gewohnheiten oder gewohnte Denkmuster.

> Das war schon immer so.
> So ist das Leben.
> Das haben wir immer so gemacht.
> Ich werde immer um Hilfe gebeten.
> Immer bin ich dran.
> Es sind immer die Gleichen, die mit anpacken.

Fällt Ihnen noch mehr hierzu ein? Wie fühlen sich diese Sätze für Sie an? Fühlen Sie Freiheit oder Zwang? Fühlen Sie sich motiviert oder belastet?

Es ist egal, wie viele Jahre Sie in Ihren Gewohnheiten verstrickt waren, wichtig ist das Jetzt! Sie haben die Macht, in jeder Sekunde Ihres Lebens Ihre Gedanken zu verändern. Nichts muss so bleiben, wie es ist. Sie können Ihr Leben neu gestalten – nach Ihren Wünschen! Alles, was Sie dazu brauchen, sind neue Gedanken. Fragen Sie sich: »Was will ich stattdessen?« Ersetzen Sie die unliebsame Gewohnheit mit etwas, das Ihnen Freude bereitet. Sie können alles haben, sein oder tun, was Sie wollen. Lassen Sie sich von niemandem einreden, dass man nichts ändern könne.

Achten Sie in den nächsten Tagen einmal genauer auf Ihre vielen Gewohnheiten, besonders auf gewohnte negative Gedanken. Ein gutes Training zum Finden neuer, positiver Gedanken wäre, die gewohnten Denkmuster so umzuformulieren, dass sie das Gegenteil aussagen. Die obigen Beispiele würden sich dann so anhören:

> Nichts bleibt wie es ist.
> Ich selbst bestimme mein Leben.
> Es gibt jede Menge Wege und Möglichkeiten.
> Ich entscheide frei, wann, wie und wem ich helfen möchte.
> Jeder darf sich selbst und frei zum Helfen entscheiden.

Wie fühlen sich diese Sätze für Sie an?

Sie können jede Gewohnheit beenden – allein durch die Veränderung Ihres Denkens. Sie sind niemandem ausgeliefert. Sie haben nichts zu befürchten. Denken Sie einfach daran: Das Gesetz der Anziehung liefert Ihnen immer ein passendes Gegenstück zu Ihrer ausgesendeten Frequenz. Wenn

Sie sich nun auf das ausrichten, das Ihnen Freude bereitet und Sie gut fühlen lässt – was wird dann wohl die Antwort hierauf sein? Auf diese Weise können Sie ganz einfach, mit Freude und Harmonie alles Alte und Unliebsame hinter sich lassen.

Gabi würde es doch allein nicht schaffen.

Vielleicht sagen Sie nicht Nein, weil Sie meinen, dass der andere dann hilflos dasteht. Sie möchten nicht am Misslingen seines Vorhabens schuld sein. Doch statt sich um andere Sorgen zu machen, vertrauen Sie lieber auf die präzise Funktionsweise des Gesetzes der Resonanz. Gabi aus dem obigen Beispiel hat alle Hilfe, die sie braucht. Sie muss sich lediglich auf positive Gedanken ausrichten, denn nur auf diese Weise sind die vielfältigen Wege sichtbar für sie. Es ist wirklich ganz einfach: Positive Stimmung bringt positive Erlebnisse beziehungsweise die Erfüllung Ihrer Wünsche.

Wenn Gabi nun eine Absage erhält, könnte sie denken: »Okay, Monika hat keine Zeit. Allein wird es mir aber zuviel. Ich werde jemand anderen finden, der mir behilflich sein kann. Es wird alles ganz wunderbar funktionieren.« Mit dieser Gedankenhaltung wird sie auf jeden Fall die gewünschte Hilfe erhalten und einen freudvollen, erfolgreichen Tag erleben.

Gabi könnte aber auch denken: »Wenn Monika nicht helfen kann, stehe ich allein da. Ich kann das niemals schaffen. Nie ist jemand für mich da, wenn ich mal Hilfe brauche. Ist das der Dank für meine ständige Unterstützung anderer? Warum muss das Leben so ungerecht sein?« In dieser negativen Ausrichtung wird Gabi sicherlich einen unangenehmen Tag erleben.

Erinnern Sie sich immer wieder daran, dass es unzählige Wege und Möglichkeiten zur Erfüllung Ihrer Wünsche gibt. Kümmern Sie sich nicht um das »wie«. Wenn zum Beispiel Gabi darauf beharrt, dass die benötigte Hilfe durch Monika erfolgen soll, dann hat sie sich in das »Wie« eingemischt. Besser wäre es, wenn sie Monika als eine von vielen möglichen Helfern betrachten würde. Dann würde sie auch die Absage nicht negativ auffassen, da sie weiß, dass noch viele weitere Möglichkeiten für Hilfe bereit stehen. Sie könnte darauf vertrauen, dass das Gesetz der Resonanz ihr die bestmögliche Hilfe liefern muss, während sie sich daran erfreut, wie einfach sich die Dinge entwickeln und neue Möglichkeiten sichtbar werden.

Vertrauen auf die Vielfalt der Möglichkeiten

Auch hier sind es also wieder Ihre Gedanken, die über Erfolg oder Misslingen entscheiden. Die Ursache für Ihre Erlebnisse liegt nicht im Verhalten anderer Personen, sondern lediglich in Ihrer eigenen gedanklichen Ausrichtung. Je mehr Sie sich positiven Dingen zuwenden, umso positiver wird Ihr Leben – in allen Bereichen! Dieses Universum hat weitaus mehr Möglichkeiten und Wege, als Sie sich jemals ausdenken könnten. Vertrauen Sie hierauf und widmen Sie sich dem wichtigsten Job in Ihrem Leben: Freude zu leben.

Manchmal sollten wir schon allein deswegen
gut zu uns sein, damit wir nicht vergessen, wie gut
uns das tut.
ERNST FERSTL

Ich darf nicht egoistisch sein

Wieder einmal hatten die Kolleginnen Susanne einen Strich
durch die Rechnung gemacht. Ihr Urlaubswunsch musste
verschoben werden. Wie jedes Jahr hatten die anderen
scheinbar wichtige Gründe, warum sie ihren Urlaub nur in
einem bestimmten Zeitraum nehmen konnten. Von Susanne
wurde erwartet, dass sie zurücksteckte, denn schließlich
musste sie nicht auf Schulferien oder Betriebsurlaub der
Firma des Mannes Rücksicht nehmen. Susanne hatte hier-
für ja einerseits Verständnis, doch sie würde gern den Zeit-
raum für ihren Urlaub selbst bestimmen können. »Sei nicht
so egoistisch«, schimpfte sie mit sich selbst. »Die anderen
können ja nicht auf andere Zeiten ausweichen. Ich sollte ih-
nen daher den Vortritt lassen.«

Wie oft stecken Sie Ihre eigenen Wünsche zurück? Denken
Sie, dass dies von Ihnen erwartet wird? Wie fühlt sich das
Zurückstecken an?

Im Alltag gibt es vielerlei Situationen, in denen man
meint, zurückstecken zu müssen. Oftmals scheinen andere
dies von uns zu erwarten. Sollte man dennoch wagen, sich
zu wehren oder seine eigenen Ansprüche anzumelden, wird
man schnell als egoistisch betitelt. In der landläufigen Mei-

nung ist Egoismus etwas Negatives. Viele verbinden damit ein Handeln auf Kosten anderer.

Der positive Egoismus

Es gibt jedoch noch eine zweite Variante: den »gesunden« oder positiven Egoismus. Gemeint ist hiermit Folgendes: Man kümmert sich in erster Linie um sich selbst, um sein eigenes Wohlbefinden. Vorrangig geht es darum, seine Gedanken in eine positive Ausrichtung zu bringen. Ich möchte Sie also ermutigen, in der Weise egoistisch zu sein, indem Sie sich zu allererst stets um Ihre Gedanken kümmern, das heißt nach Dingen suchen, die Sie sich gut fühlen lassen. Auf diese Weise gelangen Sie in eine positive Frequenz und strahlen dies dann auch aus. So können Sie andere zu Wohlbefinden und Freude inspirieren und haben jede Menge Positives zu geben.

> Egoismus auf Kosten anderer will ausnutzen, ausbeuten, manipulieren.

> Der positive Egoismus hingegen hat mit all dem nichts zu tun, sondern ist eine Bereicherung für alle.

Wie können Sie nun diesen positiven Egoismus in Ihrem Leben anwenden? Sehen wir uns die obige Situation etwas genauer an:

Zwei Personen haben jeweils ihre ganz eigenen, »egoistischen« Wünsche. Das ist der Ausgangspunkt. Susanne wünscht sich Urlaub im September und ihre Kollegin Sabine wünscht sich ihren Urlaub in der gleichen Zeit. Soweit so gut. Bis hierher gibt es noch keinerlei Problem. Doch nun klinkt sich unser Denken ein: Wie soll das gehen? Es können nicht beide gleichzeitig Urlaub machen. Das ist unmöglich. Einer muss auf einen anderen Zeitraum ausweichen ... und so weiter.

All diese Gedanken sind negativ und erwecken dementsprechend negative Gefühle. Erinnern Sie sich daran, dass das Gesetz der Anziehung auf all Ihre Gedanken stets dieselbe Antwort parat hat: »Okay, so sei es!« Wenn Sie also denken: »Das ist unmöglich!«, dann muss das Gesetz der Anziehung Ihnen jene Erlebnisse liefern, die diesen Gedanken bestärken.

Zielgerichtet im Denken bleiben

Es ist einerseits verständlich, dass im ersten Moment negative Gedanken in Ihnen entstehen. Doch dies geschieht lediglich aus Ihrer derzeitigen Sicht. Sie sehen buchstäblich keinen Weg und keine Möglichkeit zur Erfüllung Ihres Wunsches. Und das muss sich immer schlecht anfühlen. Allerdings bedeuten negative Gefühle lediglich eins: Ihre Gedanken sind nicht auf Ihr Ziel und nicht auf Positives ausgerichtet. Nein, Sie ziehen es vor, über das »Wie« nachzugrübeln. Doch das »Wie« ist nicht Ihre Aufgabe.

Die Lösung des Dilemmas ist absolut simpel: Jeder der Beteiligten muss sich lediglich um seine eigene gedankliche Ausrichtung kümmern. Wenn Sie also eine scheinbar ausweglose Situation erleben, dann können Sie wie folgt vorgehen: Sie bestimmen als erstes ganz konkret Ihr Ziel, Ihren Wunsch. Lassen Sie hierzu innere Bilder entstehen und fühlen Sie sich dort hinein. Am besten fühlen Sie sich so, als wäre der Wunsch bereits erfüllt. Baden Sie in diesem Wohlbefinden. Bleiben Sie dann so intensiv und so lange wie möglich in dieser positiven Ausrichtung. Halten Sie Ausschau nach Dingen oder Personen, die Sie mögen, die Ihnen Freude bereiten, mit denen Sie Spaß haben. Auf diese Weise sind Sie auf Empfang für die perfekte Lieferung, die das Gesetz der Anziehung für Sie bereithält. Ihre positive Ausrichtung eröffnet Ihnen mannigfaltige Wege und Möglichkeiten für positive Erlebnisse. Vertrauen Sie darauf, dass das Gesetz der Anziehung über unendliche Möglichkeiten zum Wohle aller Beteiligten verfügt, auch wenn die Wünsche auf den ersten Blick unvereinbar erscheinen.

Es gibt immer eine positive Lösung
Seien Sie also stets so »egoistisch«, sich zu allererst um Ihr eigenes Wohlbefinden zu kümmern. Bringen Sie sich in eine positive Ausrichtung – und Sie werden auf alle um Sie herum eine positive Ausstrahlung haben.

All Ihre Wünsche dürfen in Erfüllung gehen. Lassen Sie sich von niemandem einreden, dass jemand anderes zuerst dran wäre. Es gibt keine Rangfolge bei der Erfüllung von Wünschen. Es gibt auch keine begrenzten Ressourcen. Viele meinen, es gäbe eine Art großen Kuchen, von dem jeder nur ein begrenzt großes Stück abbekommen kann. Falls einer dennoch mehr bekommt, würde ein anderer weniger erhalten. Doch so ist es nicht! Dieses Universum ist unendlich, und somit sind auch die Mittel und Möglichkeiten unendlich.

Das Gesetz der Anziehung sagt immer, überall und zu jedem: »Okay, so sei es!« Sie dürfen alles haben, tun und sein, was Sie wollen! Die einzige Frage ist: Wie sehen Ihre Gedanken hierzu aus? Möglich oder unmöglich – dies ist weder Schicksal noch Wunder, sondern lediglich das Ergebnis Ihrer Gedanken. Sie haben die Wahl! Immer!

> *Sei Du selbst die Veränderung,*
> *die Du Dir wünschst für diese Welt.*
> MAHATMA GANDHI

Aufmerksamkeit und Anerkennung

Klaus fühlte sich matt und ausgelaugt. Die große Präsentation der Firma war rundum gelungen, und alle hatten ihnen Anerkennung gezollt. Nur Klaus war zu müde von den vielen Vorbereitungen, um den Erfolg genießen zu können. Von seinem Chef und den Kollegen hatte er allseits Lob erhalten. Lediglich für einen kurzen Moment spürte er Freude über die Anerkennung, doch es fühlte sich irgendwie leer an. »Wozu mache ich das eigentlich alles?«, fragte er sich.

Ein Kalender voller Termine ist für manche die einzige Art um zu sagen: »Seht her, wie gefragt ich bin. Alle haben Interesse an mir. Ich bin wichtig und beliebt. Ich werde beachtet und geschätzt.«

Nun, auf den ersten Blick scheint es so, als würde dies tatsächlich zutreffen. Sie erhalten scheinbar das, was sie sich am meisten wünschen: Aufmerksamkeit und Anerkennung, oder mehr noch: Zuwendung und Liebe. Sie nutzen vielerlei Möglichkeiten, um all dies zu erlangen. Sie meinen, andere können ihnen das geben, was ihnen in ihrem Leben fehlt. Sie denken, sich dies durch Leistung erkaufen zu können. Und falls die gewünschte Reaktion der anderen ausbleibt, dann müssen sie wohl noch härter arbeiten und noch mehr dafür tun. So geraten sie in eine endlose Kette von Aktivitäten, bis sie schließlich völlig ausgelaugt sind und fast zusammenbrechen. Viele merken erst dann, dass sie von anderen nur benutzt worden sind, um deren Bedürfnisse zu erfüllen.

Aufmerksamkeit und Anerkennung durch Ja sagen zu erlangen ist im Freizeit-, aber auch im beruflichen Bereich ein gängiges Verhalten. Sagen auch Sie oft aus diesem Grund Ja? Fallen Ihnen spontan ein paar Beispiele hierzu ein?

Aus größerer Sicht gibt es zwischen Aufmerksamkeit und Anerkennung grundlegende Unterschiede, die wir nun einmal genauer betrachten werden.

Aufmerksamkeit
> Fühlen Sie sich oft unwichtig und klein?
> Werden Sie oft übergangen oder von anderen nicht wahrgenommen?
> Vergleichen Sie sich mit jenen, die oft im Mittelpunkt stehen?

Statt um Aufmerksamkeit zu kämpfen oder diese durch Leistung zu erzwingen, können Sie auch hier wieder Ihren Joker anwenden. Nutzen Sie Ihre Kenntnisse über die Grundlagen. So können Sie auf verblüffend einfache Weise all die Aufmerksamkeit erlangen, die Sie sich schon immer gewünscht haben.

Als erstes rufen Sie sich bitte wieder die Funktionsweise des Gesetzes der Anziehung ins Bewusstsein. Sie können immer nur das erleben, was Sie zuvor ausgesendet haben. Aufmerksamkeit ist nichts weiter als eine Frequenz. Sie können diese Frequenz jedoch nur erleben, wenn diese bei Ihnen selbst aktiv ist.

Aufmerksamkeit können Sie auf vielerlei Arten aktivieren. Seien Sie zum Beispiel bewusster bei den Dingen, die Sie tun. Achten Sie aufmerksamer auf all die wunderbaren Dinge, die Sie umgeben. Gehen Sie »wacher« durchs Leben und freuen Sie sich an all den Kleinigkeiten, die Ihnen täglich begegnen. Seien Sie aufmerksam für die Blume am Wegesrand oder das Lächeln eines Passanten. All dies ist kein großer Aufwand. Es genügt schon, dass Sie beschließen, ab sofort aufmerksamer sein zu wollen, und dass Ihnen die vielen kleinen wunderbaren Dinge auffallen sollen. Dies ist quasi Ihr Wunsch, und das Gesetz der Anziehung antwortet hierauf – wie immer – mit: »Okay, so sei es!« Seien Sie einfach offen für das, was dann auf Sie zukommt. Mehr ist nicht zu tun. Das Gesetz der Anziehung liefert Ihnen vielfältige Möglichkeiten für die von Ihnen gewünschte bewusste Aufmerksamkeit. Somit sind Sie nun in der Frequenz »Aufmerksamkeit« und strahlen diese nach außen aus. Dies ist Ihre aktive Ausrichtung. Was muss logischerweise die Antwort hierauf sein? Ganz klar: Sie erhalten nun auch von Anderen Aufmerksamkeit – diesmal jedoch ohne etwas »getan« zu haben.

Oftmals ist es sinnvoll, mit alten Gedankenmustern aufzuräumen. Minderwertigkeit ist lediglich ein Gedanke, den Sie nach Belieben in etwas Positives umprogrammieren können, wie zum Beispiel:

> Von: Ich bin unwichtig und klein.
> Zu: Ich habe die großartige Fähigkeit, allein durch die Ausrichtung meiner Gedanken mein Leben zu beeinflussen. Positive Gedanken bewirken positive Erlebnisse. So kann ich im großen Maße zum Wohle aller beitragen.
> Von: Ich werde oft übergangen oder von anderen nicht wahrgenommen.
> Zu: Durch meine positive gedankliche Ausrichtung erfahre ich jede Menge Aufmerksamkeit.
> Von: Ich vergleiche mich mit jenen, die oft im Mittelpunkt stehen.
> Zu: Ich bin einzigartig. Jegliches Vergleichen ist überflüssig. Ich habe meine ganz eigenen und speziellen Talente. Ich kann selbst entscheiden, wie und in welchem Maße ich diese nach außen bringe.

Überlegen Sie sich einmal genauer, welche Art und welches Maß an Aufmerksamkeit Sie sich wirklich wünschen. Nicht jeder möchte im Mittelpunkt stehen. Stellen Sie sich einfach die verschiedenen Möglichkeiten mit inneren Bildern möglichst plastisch vor und achten Sie dann auf Ihre Gefühle. Nur jene Situationen, die sich für Sie gut anfühlen, passen zu

Ihnen. Lassen Sie sich von niemandem einreden, was Sie wollen müssen. Das können ganz allein Sie selbst entscheiden. Positive Gefühle sind ein klares Signal, das Ihnen mitteilen möchte: »Ja, das ist es, was ich will; das passt zu mir!«

Betrachten Sie dies alles mehr als Spiel und seien Sie mit Leichtigkeit dabei. Sie können nichts falsch machen! Sie haben die Fähigkeit, jeglichen unpassenden oder negativen Gedanken von einer Sekunde auf die nächste in einen positiven zu verwandeln.

Aufmerksamkeit bezieht sich aber nicht nur auf andere Personen oder Dinge um Sie herum. Ganz wichtig ist auch die Aufmerksamkeit, die Sie sich selbst gegenüber erbringen.

› Wie aufmerksam achten Sie auf Ihre Wünsche und Bedürfnisse?

› Wie sehr achten Sie auf Ihre Gefühle?

› Welche Person steht in Ihrem Leben an erster Stelle?

An dieser Stelle kommen viele der bereits erwähnten Punkte zusammen: Sie selbst sind die wichtigste Person in Ihrem Leben. Richten Sie daher immer genügend Aufmerksamkeit auf Ihr eigenes Wohlbefinden. Befassen Sie sich mit Ihren Wünschen und Bedürfnissen. Definieren Sie Ihre Ziele. Tun Sie nur Dinge, durch die Sie sich gut fühlen. Seien Sie so »egoistisch«, sich zu allererst um Ihre eigene positive Ausrichtung zu kümmern. Achten Sie aufmerksam auf Ihre Gefühle. Machen Sie es sich zur Angewohnheit, in allem etwas Positives zu sehen.

Je aufmerksamer Sie mit sich selbst umgehen, umso mehr Aufmerksamkeit wird Ihnen von außen zufließen.

Oder anders ausgedrückt: Je mehr Sie sich um Ihr Wohlbefinden kümmern, umso wohliger wird Ihr Leben sein – und zwar auf einfache Art und mit einer unglaublichen Leichtigkeit. Alles, was Sie sich »antun«, kommt stets auf Sie zurück. Also, tun Sie sich selbst gut und freuen Sie sich auf die wunderbaren Dinge, die Sie daraufhin als Antwort erhalten werden. Ihr Leben wird eine wahre Freude werden – vertrauen Sie darauf und genießen Sie es!

Anerkennung

Ebenso wie Aufmerksamkeit ist auch Anerkennung nichts weiter als eine Frequenz. Wenn Sie Anerkennung erleben möchten, dann müssen Sie diese zuvor selbst aussenden. Nur auf diese Weise können Sie die entsprechend anerkennenden Erlebnisse in Ihr Leben bringen. Beim Thema Anerkennung geht es in erster Linie um Sie selbst.

> Wie sehr können Sie sich selbst anerkennen?
> Welches Bild haben Sie von sich selbst?
> Können Sie Ihre eigenen Leistungen anerkennen oder sind Sie eher kritisch mit sich selbst?
> Erleben Sie Anerkennung nur durch Leistung?

Aufmerksamkeit ist die Vorstufe zur Anerkennung. Aufmerksamkeit bedeutet, etwas zu bemerken, sich etwas bewusst zu werden. So ist es hierbei beispielsweise außerordentlich wichtig, auf die eigenen Gefühle zu achten und negative Empfindungen als Warnsignal zu bemerken.

Anerkennung geht wesentlich tiefer. Es bedeutet, seine eigenen Fähigkeiten und Möglichkeiten zu erkennen. Wichtigster Punkt hierbei ist die Kenntnis des machtvollen Einflusses, den die eigenen Gedanken auf das eigene Leben haben.

Tauchen wir hierzu erneut in die Grundlagen ein: Nichts in diesem Universum geschieht außerhalb der Funktionsweise des Gesetzes der Anziehung. Allein durch Ihre Gedanken ziehen Sie alle Erlebnisse in Ihr Leben. Wie wäre es mit ein wenig Anerkennung hierfür? Sehen Sie sich um. Ihre Wohnung, Ihre Einrichtung, Ihren Job, die Personen aus Ihrem Umfeld – all das haben Sie selbst in Ihr Leben gezogen. Alle negativen und natürlich auch alle positiven Erlebnisse sind das Ergebnis Ihrer machtvollen Gedanken. Sie haben in diesem Leben bereits unglaublich Großartiges geleistet, und all dies verdient Ihre Anerkennung.

Die Kenntnis der Grundlagen macht Ihnen das Leben unendlich leicht: Sie wissen, dass Sie alles ausschließlich durch Ihre eigenen Gedanken und Ihre eigene Ausstrahlung in Ihr Leben bringen. Was andere denken, ist für Sie unerheblich und ohne jeglichen Einfluss auf Ihr Erleben. Daher könnten Sie mit Leichtigkeit auf die Meinung anderer verzichten. Hören Sie nicht darauf, was andere sagen, denn das ist lediglich deren Sicht aufgrund deren derzeitiger Frequenz.

Verzichten Sie auf Bewertungen

Fangen Sie an, auf sich selbst beziehungsweise auf Ihre Gefühle zu hören. Sie allein kennen Ihre Wünsche und Ziele, und Sie allein kreieren Ihre Gedanken hierzu. Niemand anderes kann sich hierzu ein Urteil erlauben. Machen Sie sich klar, dass Anerkennung nichts anderes als eine Wertung von der anderen Person ist. Diese Anerkennung sagt jedoch nichts über Sie selbst oder Ihre Leistung aus, sondern zeigt lediglich die innere Ausrichtung des anderen. Eine ärger-   liche Person kann Ihnen daher niemals Anerkennung liefern, doch Sie glauben fest, der Grund für seine Kritik läge an Ihnen. So geben Sie sich selbst die Schuld an Ihrer mangelhaften Leistung und treiben sich selbst noch mehr an.

Welche Ziele verfolgen Sie mit all Ihrem Leistungsdruck und Ihrer Jagd nach Anerkennung?
> Ich stehe vor anderen gut da.
> Ich kann mich hervorheben und glänzen.
> Ich fühle mich wichtig.
> Ich werde gebraucht.
> Ich werde geschätzt.
> Ich bin zu etwas nütze.
> Ich bin stolz, dass ausgerechnet ich helfen kann.

Doch wie wäre es, wenn Sie sich stattdessen einfach entspannen würden? Jeder Mensch ist ein einzigartiges Wesen mit ganz eigenen Zielen. Können Sie anerkennen, dass Sie all Ihre Ziele durch die entsprechende Ausrichtung Ihrer Gedanken erreichen können? Können Sie anerkennen, dass Konkurrenz und Wettbewerb unnötig sind und Sie auf die vielfältigen Möglichkeiten des Universums vertrauen dürfen? Dieses unendliche Universum hat mehr als genug für alle und jeden zu bieten. Es ist Fülle ohne Ende. Wie fühlt sich das für Sie an? Fühlen Sie sich hilflos oder machtvoll? Sowie Sie Ihre eigene Macht und Ihre unendlichen Möglichkeiten anerkennen können, sind Sie frei. Dann haben Sie eine innere Anerkennung erlangt, die Ihnen eine innere Zufriedenheit beschert.

Innere Zufriedenheit finden

Das Ringen um Anerkennung von anderen geschieht immer nur aufgrund eines inneren Mangels. Sie haben versucht, im Außen das zu finden, was Ihnen innerlich fehlt. Sie haben allerdings am falschen Ort gesucht. Durch die Kenntnis der Grundlagen haben Sie nun die Möglichkeit, innere Ruhe und Zufriedenheit zu erlangen. Sie wissen, dass Sie dem Gesetz der Anziehung vertrauen können und dass Sie sich lediglich um Ihr Wohlbefinden kümmern müssen. Auf diese Weise wird Ihnen mit Leichtigkeit alles zufließen – auch Anerkennung. Doch diese brauchen Sie nun nicht mehr, denn Ihre innere Anerkennung ist wesentlich stärker als all das, was jemals von außen kommen könnte.

Alle Ihre vorherigen Denkmuster verlieren mit einem Schlag an Bedeutung, denn Sie wissen, dass es Ihnen nun unwichtig sein kann, wie Sie vor anderen da stehen beziehungsweise wie andere über Sie denken. Sie kennen Ihre Wichtigkeit und können sich selbst schätzen. Sie wissen, für welch grandiosen Dinge Sie nütze sind. Sie kennen Ihre Einzigartigkeit. Hierfür benötigen Sie keinerlei Bestätigung mehr von außen.

Wünsche und Ziele bestimmen

Zur konkreten Umsetzung könnten Sie wie folgt vorgehen: Sie bestimmen als erstes Ihre ganz speziellen Wünsche und Ziele. Was wollen Sie wirklich? Nun nehmen Sie Ihren Terminkalender und überprüfen jede einzelne Position. Welche Tätigkeiten bereiten Ihnen Freude? Welcher Beweggrund steckt hinter den »unerfreulichen« Tätigkeiten? Es ist nicht wirklich nötig, dass Sie nun bestehende Termine absagen. Kümmern Sie sich lediglich um eine neue Ausrichtung. Sorgen Sie für Ihre eigene, innere Aufmerksamkeit, indem Sie mehr auf Ihre Gefühle achten. Bringen Sie Ihre eigene, innere Anerkennung auf Touren, indem Sie Ihre unendlichen Fähigkeiten und Möglichkeiten anerkennen.

Fühlen Sie, welche Macht in Ihren Gedanken steckt. Fühlen Sie die unendlichen, wunderbaren Möglichkeiten, die für Sie bereit stehen. Sie sind immer nur einen Gedanken von der Erfüllung Ihrer Wünsche entfernt. Nur ein einziger Gedanke kann alles verändern.

Fühlen Sie Ihre immensen Fähigkeiten. Alles in Ihrem Leben ist Ihr Werk! Erkennen Sie Ihre wunderbaren Leistungen. Sie allein erschaffen Ihr Erleben. Sie sind der Mittelpunkt Ihrer eigenen Welt.

Mit dieser Ausrichtung werden Sie sich frei, sicher und unbesiegbar fühlen. Auf diese Weise leben Sie Anerkennung und Aufmerksamkeit von innen heraus. Demzufolge werden alle Termine und Tätigkeiten, die zum Ausgleich Ihres vorherigen inneren Mangels dienten, aus Ihrem Leben verschwinden. Ihre neue positive Frequenz ist hierfür kein passendes Gegenstück mehr. Stattdessen werden Sie neue Begegnungen haben, mit denen Sie dann gegebenenfalls Termine vereinbaren – falls es Ihnen Spaß macht. Es ist Ihre Wahl!

So gilt auch hier wieder: Je mehr Freude Sie leben, umso freudvoller wird Ihr Leben sein. Eine innere positive Ausrichtung wird Ihnen stets positive Ereignisse liefern, mit jeder Menge Wohlbefinden, Erfüllung und Zufriedenheit. Dies ist Gesetz. Vertrauen Sie hierauf, genießen Sie Ihr Leben und suchen Sie überall nach Gründen, um Spaß zu haben. Sie wissen ja: Ihr einziger Job ist, sich gut zu fühlen.

> *Wenn du damit beginnst,*
> *dich denen aufzuopfern, die du liebst,*
> *wirst du damit enden,*
> *die zu hassen, denen du dich aufgeopfert hast.*
> GEORGE BERNARD SHAW

Helfersyndrom und Märtyrer

Susanne konnte sich vor Anfragen kaum retten. Der Sommer hatte gerade begonnen und anscheinend wollten alle das schöne Wetter für eine Veranstaltung nutzen: der Sportverein, der Kindergarten, der Freundeskreis. Und sie alle hatten bei Susanne um Unterstützung bei der Organisation und Umsetzung angefragt. Einerseits fühlte Susanne sich geehrt durch diese vertrauensvolle Zuwendung, doch andererseits empfand sie die vielen Verpflichtungen als Belastung. Sie hatte ja kaum noch Zeit für sich selbst übrig. »Aber was habe ich schon Wichtiges für mich zu tun?«,

fragte sie sich. »Ich kann doch nicht faulenzen, wenn ande-
re meine Hilfe brauchen. Ist es nicht meine Pflicht, für an-
dere zur Verfügung zu stehen?« So sagte sie allen Anfragen
zu und stellte ihre eigenen Bedürfnisse hinten an.

Wundern Sie sich gelegentlich, dass manche Personen anscheinend nie um Hilfe gebeten werden, doch dass bei Ihnen ständig jemand nachfragt? Haben Sie sich einmal überlegt, warum dies so ist? Können Sie sich vorstellen, dass ein
Gedankenmuster die Ursache hierfür ist? Vielleicht kommt
Ihnen hiervon etwas bekannt vor:

> Für andere bereit zu stehen ist doch normal!
> Für andere Opfer zu bringen ist normal.
> Ich muss immer für andere da sein.
> Man kann nicht alles haben und muss auch mal zurück-
  stecken können.

Wie fühlen Sie sich bei diesen Gedanken? Fühlen Sie sich
frei und lebendig oder abhängig und eingeengt? Was meinen Sie, werden diese Gedanken wohl als Antwort nach
sich ziehen? Wenn Sie Gedanken von Pflicht und Opfer haben, werden Sie stets Situationen erleben, in denen genau
dieses Verhalten von Ihnen verlangt wird. Erinnern Sie sich
daran, dass Gedanken eine Frequenz haben, die stets mit
Gleichem beantwortet wird. Solange Sie also Ihre alten Gedankenmuster beibehalten, wird sich in Ihrem Erleben
nichts ändern können. Es ist völlig egal, welche Muster Ihnen in der Erziehung beigebracht worden sind. Einzig wichtig ist, was Sie heute denken. Sie können Ihre Gedanken je-

derzeit neu formulieren. Sie haben die Freiheit, sich für oder gegen etwas zu entscheiden.

Durch die Kenntnis der Grundlagen können Sie Ihre bisherigen Gedanken aus größerer Sicht betrachten: Jeder von uns hat eine Vielzahl von Wünschen, die wir gern erfüllt sehen wollen. Die Vorgehensweise hierfür ist denkbar einfach. Wir formulieren unseren Wunsch, fühlen uns hinein und stellen uns innerlich vor, wie es wäre, wenn er bereits Wirklichkeit wäre. Wir empfinden Freude und Wohlbefinden. Das ist alles. Mehr ist nicht zu tun. Das Gesetz der Anziehung wird uns dann das passende Erlebnis liefern. Es ist nicht nötig, dass wir uns über das »Wie« Gedanken machen. Das Gesetz der Anziehung verfügt über alle Wege und Möglichkeiten, um uns das Gewünschte zu liefern.

Auf diese Weise kann jeder alle Hilfe, die er benötigt, in sein Leben ziehen. Sie dürfen darauf vertrauen, dass das Gesetz der Anziehung für jeden die perfekte Lösung parat hat. Niemand ist jemals wirklich hilflos. Alle Hilfe ist jederzeit greifbar, immer und überall. Die Frage ist nur: Kann die betreffende Person diese Hilfe sehen? Oder anders ausgedrückt: Ist sie auf Empfangsfrequenz für all die Unterstützung, die auf sie wartet?

Hilfe zieht sich selbst herbei

Solange die Gedanken um Hilflosigkeit kreisen, wird durch die folgenden Erlebnisse weitere Hilflosigkeit »geliefert«. Wenn Sie zum Beispiel denken, dass Sie von anderen abhängig sind, erhalten Sie immer die passende Antwort hierzu. Dies kann sich erst ändern, wenn Sie Ihre Gedanken ändern. Wie wäre es mit: »Ich bin absolut frei. Mir stehen immer alle Mittel und Möglichkeiten zur Verfügung, die ich benötige.« Wie fühlt sich das an?

Ich möchte Sie ermuntern, mehr Vertrauen zu haben, sich mehr zu entspannen und alles gelassener anzugehen. Zuversicht, Gelassenheit und Vertrauen sind alles positive Frequenzen, die Ihnen hervorragende Resultate liefern werden. Der einzige Punkt ist: Sie müssen zuerst entsprechende Gedanken haben, um diese Frequenzen aussenden zu können, beispielsweise:

> Ich kann und darf alles haben und sein, was ich will.
> Ich allein entscheide, wie und mit wem ich mein Leben verbringe.
> Meine Gedanken bestimmen die Art meiner Erlebnisse.
> Ich entscheide mich jetzt, an positive Dinge zu denken.
> Ich beschließe, mich zuerst einmal um mein Wohlbefinden zu kümmern.
> Durch meine positive Ausrichtung werden neue Wege sichtbar.
> Ich vertraue auf die vielfältigen Möglichkeiten des Universums.
> Ich fühle, dass eine passende Lösung für mich auf dem Weg ist.
> Ich bin gespannt auf die Entwicklung der Dinge.

> Ich freue mich schon jetzt auf das wunderbare
  Ergebnis.
> Ich fühle mich befreit und glücklich.

Wenn Sie jedoch denken: »Ich muss immer helfen«, haben
Sie kein Vertrauen in das Gesetz der Anziehung. Sie sehen
sich selbst beziehungsweise Ihre Hilfe als die einzige Möglichkeit. Sie denken, wenn Sie Nein sagen, wäre die andere
Person sozusagen hilflos. Doch seien Sie sicher: Es gibt unzählige weitere Möglichkeiten, wie der anderen Person geholfen werden kann. Ob sie die gewünschte Hilfe bekommt, hängt nicht von Ihnen ab, sondern von deren innerer Ausrichtung. Hierbei ist wichtig, dass sie sich nicht auf
das »Wie« festlegt, sondern lediglich das gewünschte Ziel
bestimmt.

Ihr Vertrauen wird sich Stück für Stück entwickeln. Je
mehr Sie Ihre Gedanken in eine positive Richtung bringen,
desto mehr muss sich Ihr Erleben zum Positiven verändern.
Sie dürfen darauf vertrauen, dass das Gesetz der Anziehung
immer, überall und für jeden gilt. Es gibt wirklich keine
Ausnahme! Sie dürfen auch darauf vertrauen, dass all Ihre
Wünsche immer erfüllt werden. Auch dies gilt immer, überall und für jeden.

Somit ist es gar nicht nötig, ständig für andere parat zu
stehen. Überlassen Sie diesen Job lieber dem Gesetz der Anziehung. Helfen Sie nur, wenn es Ihnen wirklich Freude
macht. Lassen Sie sich nicht erzählen, Sie müssten Opfer

bringen oder wären zu Hilfe verpflichtet. Solche Gedanken fühlen sich immer schlecht an und werden dementsprechend keine guten Erlebnisse liefern. Nur die Hilfe, die Sie voll Freude und aus dem Herzen heraus geben, wird für alle Beteiligten ein Gewinn sein.

Vom »Verdienst« der Helfer

Überlegen Sie einmal kurz, welche tieferen Gründe hinter Ihrem »Helfersyndrom« stecken. Vielleicht sollen all Ihre vielfältigen Termine der Welt sagen: »Seht her, wie selbstlos ich bin und welche Opfer ich für euch bringe!« Aber mal ehrlich: Hat sich jemals jemand für Ihre »Opfer« interessiert? Wurde Ihr selbstloser Einsatz jemals nach Ihren Vorstellungen anerkannt oder honoriert?

Welche Erfahrungen haben Sie mit Ihrem »Helfersyndrom« bisher gemacht? War es oftmals so, dass Sie sich für eine Lösung oder Hilfe den Kopf zermartert und die Hacken abgelaufen haben und dann nicht einmal ein mageres »Danke« erhalten haben? Oder Sie haben dann später erfahren, dass das Problem gar nicht so riesig war und zwischenzeitlich bereits eine Lösung gefunden wurde. Oder der andere hat es sich derzeit anders überlegt und benötigt gar keine Unterstützung mehr.

Opfer, Selbstlosigkeit, Märtyrer, Helfersyndrom – all das fühlt sich niemals gut an und kann somit keine guten Ergebnisse bringen. Räumen Sie diese Stolpersteine beiseite und versuchen Sie es mit folgender Vorgehensweise: Wenn Sie wieder einmal um etwas gebeten werden, halten Sie kurz inne und achten Sie auf das Gefühl, das in diesem Moment in Ihnen aufsteigt. Ist Ihr erster Impuls positiv oder eher ablehnend? Verschaffen Sie sich dann eine Bedenkzeit, indem Sie sagen, dass Sie die Bitte jetzt so spontan nicht beantworten können. Nun haben Sie ausreichend Zeit, um Ihre tiefere Motivation zu überprüfen. Welche Gedanken gehen Ihnen gerade durch den Kopf? Finden Sie Ähnlichkeiten zu den oben genannten Gedankenmustern? Dann wird es höchste Zeit, dass Sie sich fragen: »Was will ich wirklich?« Bestimmen Sie ganz konkret, was Sie gern tun würden und was Ihnen Spaß machen würde. Nun prüfen Sie, ob diese Ziele eher mit einer Zusage oder einer Absage im Einklang sind. Spielen Sie hierzu kurz Ihre beiden Möglichkeiten durch. Im Hinblick auf Ihre Ziele: Wie fühlt es sich an, wenn Sie Ja sagen würden, und wie wären Ihre Gefühle bei einem Nein?

Vertrauen Sie Ihrem Gefühl und treffen Sie stets nur Entscheidungen, die sich gut anfühlen. In erster Linie sollten Sie sich um sich selbst und Ihr Wohlbefinden kümmern. Nur wenn es Ihnen gut geht, können Sie anderen gut tun. Wenn Sie sich also für ein Ja entscheiden, dann seien Sie mit dem Herzen bei der Sache. Falls Ihre Gefühle Ihnen zu einem Nein raten, dann sagen Sie ab.

Es hängt nicht alles von Ihnen ab
Wie schon vorab erwähnt: Sie brauchen sich keine Sorgen um den anderen zu machen. Für ihn steht alle erdenkliche Hilfe parat. Sie sind nicht die einzige Unterstützung, die er hat, auch wenn er Ihnen dies vielleicht weismachen will. Vertrauen Sie auf das Gesetz der Anziehung und machen Sie

sich immer wieder klar, dass lediglich Ihr Opferdenken Sie in diese entsprechenden Situationen bringt. Doch je mehr Sie sich um Ihr Wohlbefinden und um Freude kümmern, umso mehr wird Freude und auch Fülle in Ihrem Leben sichtbar. So verbannen Sie all das aus Ihrem Leben, was mit Opfer, Mangel oder Undankbarkeit zu tun hat. Ihre neue, positive Ausrichtung kann Ihnen nur noch Positives bescheren.

Ständiges Ja sagen hat übrigens noch einen gewaltigen Nachteil. Wenn Sie stets und ständig für andere da sind, entsteht eine gewisse Abhängigkeit. Die anderen werden immer weniger selbst nach Lösungen suchen und immer eher um Ihre Hilfe bitten. So bringen Sie die anderen auf lange Sicht zur Unselbständigkeit.

Geben Sie Hilfe zur Selbsthilfe

Wie wäre es jedoch, den anderen stattdessen zu Freiheit, Selbstbestimmung und Unabhängigkeit zu verhelfen? Dies ist einfacher, als Sie vielleicht annehmen. Sie müssen lediglich dazu inspirieren, dass der andere seine Gedanken in eine positivere Frequenz bringt. Fragen Sie ihn im Hinblick auf seine aktuelle Situation: Was sind deine Ziele? Was sind deine Wünsche? Lassen Sie sich seine Vision beschreiben. Jedes Mal, wenn er in Negatives verfällt, fragen Sie ihn: Was willst du stattdessen? Auf diese Weise können Sie andere anregen, sich mit dem zu befassen, was sie sich als Ziel wünschen. Dies bringt sie in eine positive Ausrichtung und wird dementsprechend positive Ereignisse zur Folge haben. Lösungen werden sichtbar und Probleme können immer öfter selbständig beseitigt werden.

Sie sehen wieder einmal: Für eine Veränderung zum Wohle aller ist lediglich ein Wechsel im Denken notwendig. Ihre Ausrichtung auf Positives und die daraus resultierenden Erfolge wird andere beeinflussen, es Ihnen nachzumachen. Die beste Möglichkeit, um anderen all diese Erkenntnisse beizubringen, ist diese: Seien Sie ein leuchtendes Vorbild. Leben Sie es vor. Leben Sie Freude. Bringen Sie so oft wie möglich Dankbarkeit und Wertschätzung zum Ausdruck. Sehen Sie die Fülle um sich herum. Zeigen Sie Respekt und Anerkennung. Versuchen Sie stets, in allem etwas Positives zu entdecken. Auf diese Weise werden Sie sehr viel Wandlung bewirken – bei sich selbst und bei anderen.

Fühlen und genießen Sie diese neu gewonnene Leichtigkeit. Sie haben es verdient, ein leichtes und freudvolles Leben zu haben und Ihre Ziele zu erreichen. Es steht schon alles für Sie bereit. Alle erforderlichen Komponenten, Personen und Dinge, sind vorhanden und warten darauf, dass Sie diese in Empfang nehmen. Bringen Sie also Ihre Frequenz auf »Empfang«, denn das einzige, was zur Erfüllung Ihrer Wünsche und Ziele fehlt, sind SIE!

Wenn wir erkennen und akzeptieren, dass es unser Denken ist, das über unser Wohlbefinden entscheidet, dann haben wir den ersten Schritt getan, um mehr Lebensfreude und Zufriedenheit in unser Leben zu bringen.
Rolf Merkle

Innere und äußere Zwänge

Susanne hatte wieder einmal klein beigegeben. Heute war kein guter Tag. Zuerst hatte sie im Büro länger bleiben müssen, um ein wichtiges Gutachten fertigzustellen. Es kam in letzter Zeit öfter vor, dass sie nicht pünktlich Feierabend machen konnte. Doch sie wagte nicht, etwas dagegen zu sagen aus Angst, ihren Job zu verlieren. Sie wollte nicht als unkooperativ gelten. Dann später im Kindergarten wurde sie um Unterstützung für das geplante Fest gefragt – und sagte zu, denn andernfalls müsste sie sich in der nächsten Zeit von den anderen Müttern kritische Kommentare anhören. Das hatte sie nämlich bereits einmal so erlebt, als sie es gewagt hatte, Nein zu sagen. Am Abend fragte dann noch eine gute Bekannte, ob sie wohl kurzfristig als Babysitter einspringen könne. Auf ihre ausweichende Antwort wurde sie gefragt: »Was hast du denn Besseres vor?« Susanne hatte einen ruhigen Abend geplant, doch wie sollte sie dies erklären? Jetzt musste sie sich wieder rechtfertigen. »Warum können mich die anderen nicht einfach in Ruhe lassen?«, dachte Susanne verzweifelt.

Haben Sie auch schon festgestellt, dass es mit dem Nein sagen besonders gut klappt, wenn Sie es mit relativ fremden Personen zu tun haben? Ganz anders verhält es sich bei vertrauten, nahe stehenden Personen. Da bereitet Ihnen das Nein wahre Kopfzerbrechen und Magenschmerzen. Wie kommt das? Bei fremden Personen fällt Ihnen das Nein sagen leichter, weil Sie nur wenig über sie wissen. Sie kennen nicht deren Vorstellungen, Erwartungen oder

Verhaltensweisen. Doch bei vertrauten Personen ist dies anders. Sie verfügen über jede Menge Hintergrundinformationen und sind emotional sehr viel stärker miteinander verbunden. Die Meinung eines Fremden können Sie leicht ignorieren. Die Meinung Ihrer besten Freundin jedoch nehmen Sie sich sehr zu Herzen. So können Sie sehr leicht zu einem Fremden Nein sagen. Bei Ihrer Freundin hingegen fällt Ihnen dies wesentlich schwerer. Der Grund hierfür ist Ihre Angst – vor Ablehnung, vor Schaden oder vor Verlust. Sie haben Gedanken voller Furcht und Sorge, fühlen sich unsicher und erwarten das Schlimmste.

Kennen Sie ähnliche Gedanken wie: Wenn ich Nein sage, dann
> verlässt er/sie mich.
> verliere ich meinen Job.
> werde ich nicht befördert.
> mache ich mich unbeliebt.
> verliere ich meine Freunde.
> muss ich mich rechtfertigen.
> bin ich ein Störenfried.
> gibt es wieder Streit.
> bringt mir das Nachteile.

Meinen Sie wirklich, dass ein Nein solche Konsequenzen auslösen würde? Ist Ihnen klar, dass dies dann nur an Ihrem Denken liegt?

Auch für die obigen Gedanken gilt: Das Gesetz der Anziehung sagt hierzu: »Okay, so sei es!« und liefert Ihnen die passenden Erlebnisse. Sehen Sie? Der Auslöser für diese unerwünschten Reaktionen ist nicht Ihr Nein, sondern es sind Ihre Gedanken hierüber!

Angstvolle Gedanken fühlen sich immer schlecht an. Die Antwort hierauf kann niemals etwas Positives sein. Also ist es nötig, dass Sie zuerst einmal Ihr Denken ändern. Die obigen Wenn-dann-Gedanken basieren darauf, dass Sie das Wort Nein als etwas Negatives bewerten. Das Wort Nein ist jedoch nichts weiter als ein Wort. Erst Ihre eigene Sicht und Ihr eigenes Denken macht das Wort zu etwas Negativem. Und aus dieser negativen Wahrnehmung heraus wird das Nein dann oftmals auch als eine persönliche Ablehnung gedeutet.

Ihre negative Sicht beziehungsweise negative Erwartungshaltung sowie die dadurch ausgelösten Ängste stellen die Ursache für Ihre inneren Zwänge dar. Doch eigentlich handelt es sich hierbei lediglich um Gedanken. Somit sind es nur Ihre Gedanken, dass Sie einem Zwang unterliegen würden. Es ist nur Ihr Denken, dass bei einem Nein negative Konsequenzen folgen würden. Erfreulicherweise haben Sie die Macht, Ihre Gedanken in jeder Sekunde Ihres Lebens zu verändern. Also, fangen Sie mit neuem Denken an:

> Ein Nein ist nur ein Wort.
> Ein Nein ist kein persönlicher Angriff.
> Ein Nein ist völlig unschädlich.
> Wie der andere mein Nein auffasst, liegt nicht in meiner Verantwortung.
> Ich halte es für möglich, auf mein Nein verständnisvolle Reaktionen zu erhalten.
> Ich halte es für möglich, dass andere meine Entscheidungen respektieren.
> Jeder darf in gleichem Maße seine Bedürfnisse äußern und dafür einstehen.
> Ich wünsche mir einen anerkennenden und harmonischen Umgang miteinander.
> Harmonie erhalte ich nicht durch Ja sagen, sondern durch meine harmonische eigene Ausstrahlung.
> Harmonie ist lediglich eine Frequenz.
> Ich habe die Absicht, mich jetzt auf diese positive Frequenz auszurichten.
> Es gibt sehr viele schöne Dinge und angenehme Personen in meinem Leben.
> Es gibt so viele Gründe, sich zu freuen und sich gut zu fühlen.
> Gute Gefühle bringen mich in Harmonie.
> Meine eigene Harmonie bringt mir harmonische Erlebnisse.
> Ich bin gespannt auf all die positiven Wendungen in meinem Leben.

> Ich freue mich auf die kommenden wunderbaren Erlebnisse.
> Ich bin begeistert von dieser neuen Leichtigkeit.
> Ich fühle mich frei, ich fühle mich gut.
> So macht das Leben Spaß!

Lassen Sie Ihre Befürchtungen und Ihre bisherigen negativen Erfahrungen hinter sich. Entscheiden Sie sich ganz bewusst für neue, positivere Gedanken. Üben Sie sich in Wertschätzung. Halten Sie überall Ausschau nach Details, über die Sie sich freuen, die Sie schätzen, die Sie gut fühlen lassen. Dies ist der kürzeste Weg, um ganz neue und erfreuliche Ereignisse in Ihr Leben zu ziehen. Gleichzeitig muss alles Negative aus Ihrem Leben verschwinden, wenn Sie Ihre Aufmerksamkeit hiervon abziehen.

Entspannen Sie sich und denken Sie daran, dass Ihre »Realität« in jeder Sekunde Ihres Lebens veränderbar ist – und zwar auf Grundlage der Veränderung Ihrer Gedanken. Das ist wahre Freiheit. Gönnen Sie sich mehr Freude und haben Sie Spaß am Leben!

Der einzige Mensch, der sich vernünftig benimmt, ist mein Schneider. Er nimmt jedes Mal neu Maß, wenn er mich trifft, während alle anderen immer die alten Maßstäbe anlegen in der Meinung, sie passten auch heute noch.
GEORGE BERNARD SHAW

Die innere Freiheit bewahren

Als weiteres wären da noch die scheinbaren äußeren Zwänge:

> Alle machen es so.
> Es wird von mir erwartet.
> Ich muss mich den Vorgaben der Gesellschaft anpassen.

Es gibt unendlich viele Regeln der Gesellschaft, wie man sich zu verhalten hat, was man tun und lassen sollte. Wie oft haben Sie Sätze zu hören bekommen wie:

> Das macht man nicht.
> Das gehört sich nicht.
> Das ist halt so.
> Im Leben wird einem nichts geschenkt.
> Ohne Fleiß kein Preis.
> Von nichts kommt nichts.
> Man kann nicht alles haben.

Sicherlich fällt Ihnen noch mehr hierzu ein. Haben Sie beim Lesen gerade eben auf Ihre Gefühle geachtet? Wie fühlen sich diese Sätze an? Konnten Sie Freiheit und Freude empfinden oder eher Enge und Unbehagen?

All diese gesellschaftlichen Ansichten sind nichts weiter als Gedanken. Die Herkunft ist kaum nachvollziehbar. Oftmals ist es so, dass diese Ansichten von Generation zu Generation weitergegeben wurden. Was vor einigen hundert Jahren für wahr und gültig befunden wurde, kann jedoch kaum für das heutige Leben passend sein. Allein in den letzten zwanzig Jahren gab es in allen Bereichen gravierende

Veränderungen. Dies führte zu neuen Erkenntnissen, neuen Erfahrungen und neuen Ansichten. Das Leben steht niemals still. Energie ist immer im Fluss, immer in Wandlung. Es geht immer weiter, es geht immer voran.

Neue Zeiten brauchen neues Denken. Die Kenntnis der Grundlagen leistet Ihnen hierbei eine wunderbare Unterstützung. Immer mehr Menschen werden sich dieser Zusammenhänge bewusst. Gedanken von Zufall, Schicksal und Fremdbestimmung passen nicht mehr in die heutige Zeit. Stattdessen spielen Gefühle, Freiheit und Selbstbestimmung eine immer größere Rolle. Lassen Sie Ihr gewohntes, aber unpassendes Denken hinter sich, und beseitigen Sie die scheinbaren Zwänge durch neue Gedanken:

> Allein meine Gedanken bestimmen mein Erleben.
> Gedanken anderer sind für mich unerheblich und ohne jeglichen Einfluss auf mein Erleben.
> Erst, wenn ich die Gedanken anderer zu meinen eigenen mache, zeigt dies die entsprechenden Auswirkungen in meinem Leben.
> Meine Gefühle geben mir konkrete Hinweise auf die Art dieser Auswirkungen.
> Positive Gefühle bedeuten: Dieser Gedanke passt zu mir und meinem Leben.
> Negative Gefühle bedeuten: Dieser Gedanke passt nicht zu mir und gehört nicht in mein Leben.

Achten Sie einmal einen Tag lang während Ihrer vielfältigen Gespräche möglichst aufmerksam auf Ihre Gefühle. Wie oft fühlen Sie sich unwohl? Wie oft verspüren Sie einen leichten inneren Impuls, sich zurückzuziehen? Wie oft haben Sie mit Widerspruch zu tun? Wie oft wollen Sie oder andere Recht haben oder jemanden hiervon überzeugen?

Solche unangenehmen Situationen können Sie ganz einfach entschärfen. Betrachten Sie eine Unterhaltung wie ein Spielfeld. Jeder Teilnehmer hat darauf seinen eigenen Bereich. Wenn Sie im Gespräch negative Empfindungen verspüren, dann ist das so, als würde der andere Spieler die Linie zu Ihrem Bereich überschreiten. Nun liegt es allein an Ihnen, was Sie mit dieser Situation tun. Wollen Sie zulassen, dass er Besitz von Ihrem Terrain ergreift, oder wollen Sie ihm den Zutritt verweigern?

Dieser andere Spieler entspricht dem Denken beziehungsweise der Sichtweise einer anderen Person. Wollen Sie sein Denken übernehmen oder nicht? Fühlt sich sein Denken gut oder schlecht für Sie an?

Wenn Sie nicht mit dem Denken des anderen übereinstimmen und sich daher unwohl fühlen, dann fragen Sie sich: »Was will ich stattdessen?« Auf diese Weise bringen Sie Ihre eigene Ausrichtung wieder in einen positiven Bereich, da Sie sich auf etwas ausrichten, das Ihnen gefällt und Ihnen Freude bereitet.

Noch mehr Leichtigkeit können Sie durch folgende, weitere Gedanken erlangen:

> Es ist okay, dass du so denkst.
> Dein Denken ist allerdings nicht mein Denken.
> Ich denke anders hierüber.
> Auf meinem Leben haben nur meine Gedanken Einfluss.
> Ich werde mir deine Gedanken nicht zu eigen machen.
> Ich richte mich auf das aus, was ich stattdessen will und was mich gut fühlen lässt.
> So können beide Meinungen nebeneinander bestehen.
> Es gibt keinen Grund für Rechthaberei.
> Ich bestimme selbst, was ich denke.
> Ich allein erschaffe somit meine ganz eigene Realität.
> Niemand anderes hat Einfluss hierauf.
> Ich bin absolut frei.
> Ich kann alles haben, tun und sein, was ich will.

Wenn Sie diese Grundlagen anwenden, werden Sie mit der Zeit merken, dass Ihre Sicht sich immer mehr von der Sicht der anderen unterscheidet. Da Sie bewusster auf Ihre Gefühlsimpulse achten, werden Sie immer mehr anscheinend alltägliche Gedanken entdecken, die eigentlich gar nicht zu Ihnen passen. Als kurze »Entschärfungsformel« bei negativen Empfindungen im Gespräch kann ich Ihnen folgende Gedanken empfehlen: »Gut, das ist dein Denken, aber ich denke anders hierüber. Ich will etwas anderes und weiß, dass ich es haben kann.«

Auf diese Weise können Sie sich immer wieder an die Grundlagen erinnern. Diese Perspektive gibt Ihnen in jeder Situation die nötige Ruhe, Gelassenheit und Zuversicht.

Halten Sie Unnötiges und Negatives von sich fern

Lassen Sie nichts und niemanden ein Grund sein, um sich in eine negative Ausrichtung zu bringen. Was andere denken, ist für Sie unerheblich und ohne jeglichen Einfluss auf Ihr Erleben. Daher könnten Sie mit Leichtigkeit auf die Meinung anderer verzichten. Hören Sie nicht darauf, was andere sagen, denn das ist lediglich deren Sicht aufgrund deren derzeitiger Frequenz.

So dürfen Sie auch getrost die massenweise auf jeden von uns einströmenden Negativmeldungen der Medien ignorieren. Krankheiten, Krisen und Katastrophen können Sie mit Leichtigkeit aus Ihrem Leben fernhalten, indem Sie keine Gedanken hierzu entwickeln. Lassen Sie sich nicht bange machen. Vertrauen Sie lieber auf Ihre Macht, Ihr Leben selbst zu gestalten – unabhängig von dem, was um Sie herum geschieht.

Für manch einen mögen diese Darstellungen vielleicht befremdlich klingen. Vielleicht denken Sie: »So einfach kann es doch nicht sein!« Oder: »Aber die Realität sieht doch ganz anders aus!« Daher möchte ich Sie an dieser Stelle nochmals daran erinnern, dass die sogenannte Realität nichts Festes, Konstantes ist, sondern lediglich eine Momentaufnahme Ihrer vorhergehenden Gedanken. Sowie Sie

Ihre Gedanken verändern, muss sich auch Ihre Realität entsprechend mit verändern.

Die Macht der Gewohnheit

Ein wesentlicher Stolperstein für Sie beim Anwenden und Umsetzen dieser Erkenntnis könnte eins sein: Ihre Gewohnheit. Sie sind es gewohnt, die Personen und Dinge um Sie herum zu betrachten und daraufhin entsprechende Gedanken zu entwickeln. Wenn Sie beispielsweise sehr viel Negatives erleben, dann kommen Sie irgendwann zu der Überzeugung, dass die Welt schlecht sei. Doch eigentlich ist es so, dass Sie vorab vorrangig negative Gedanken gehabt haben, die dann zu Ihren negativen Erlebnissen geführt haben.

Ohne die Kenntnis der Grundlagen betrachten Sie alle Geschehnisse als etwas Eigenständiges, etwas, das Ihnen geschieht oder zugefügt wird. Sie sehen nicht den Zusammenhang zwischen Ihrem Denken und Ihren Erlebnissen. Die Medien haben hierbei einen größeren Einfluss, als Ihnen vielleicht bewusst ist. Negative Meldungen, soweit das Auge reicht. Achten Sie einmal darauf, wie Sie sich fühlen, wenn Sie sich die Nachrichten ansehen oder lesen. Für den Fall, dass Sie hierbei negative Empfindungen verspüren, ist dies ein klares Warnsignal für Sie, das Ihnen sagen möchte: »Stopp. Du bist gerade dabei, das Denken anderer zu übernehmen. Doch diese Gedanken passen nicht zu dir. Finde lieber heraus, was du stattdessen denken und erleben willst!«

Jemand, der sich von all den negativen Schreckensmeldungen beeinflussen lässt, wird all dies in sein Leben ziehen, da seine Gedanken ständig um all diese Bedrohungen und Gefahren kreisen. Die angst- und sorgenvollen Gedanken und Gefühle können niemals freudige Erlebnisse zur Folge haben. Wer voller Furcht ist und sich machtlos ausgeliefert fühlt, wird immer nur die entsprechend negativen Ereignisse erleben können.

Je mehr Sie sich Sorgen machen, umso sicherer können Sie sein, dass Ihre Sorge »erfüllt« wird. Solange Sie sich also um Nachrichten aller Art Sorgen machen, ist Ihre gedankliche Frequenz ein passendes Gegenstück zu all den Dingen, die Sie ja eigentlich nicht erleben wollen. Daher ist es so wichtig, dass Sie Ihre Gedanken in eine andere, positivere Ausrichtung bringen.

Gestalten Sie Ihr eigenes Bühnenstück
Alles, was um Sie herum geschieht, Ihnen aber nicht gefällt, kann Ihnen eine wunderbare Hilfe sein. Betrachten Sie Ihre derzeitigen Erlebnisse immer nur als Momentaufnahme oder eine Art Anzeigetafel, die Ihre derzeitige gedankliche Ausrichtung zeigt. Nicht mehr und nicht weniger. Ihr derzeitiges Erleben ist lediglich die Plattform, auf der Sie neue Wünsche kreieren, und zwar indem Sie sich fragen: »Was will ich stattdessen?«

Stellen Sie sich vor, Ihr Leben wäre ein Theaterstück und Sie selbst sind der Autor. Jede Szene, die Ihnen nicht gefällt, können Sie nach Belieben umschreiben. Es liegt an Ihnen, den Akteuren neue Texte zu geben. Lassen Sie Ihrer Phantasie freien Lauf. Was möchten Sie gern erleben? Denken Sie sich die Handlung und die Personen hierzu aus. Lassen

Sie in Ihren Gedanken die perfekte Szene entstehen und bringen Sie Ihre Gefühle mit hinein. Und dann freuen Sie sich darauf, dass das Gesetz der Anziehung den Rest für Sie erledigt. Ihr einziger Job ist: Wohlfühlen!

Dies gelingt Ihnen am besten, wenn Sie sich von den derzeitigen Ereignissen in der Welt und Ihrem Leben nicht zu negativen Gedanken beeinflussen lassen. Versuchen Sie, alles aus einer größeren Sicht zu sehen. Alle negativen Geschehnisse dieser Welt haben eine Ursache – sie sind aus Massen negativer Gedanken entstanden. Sie haben es in der Hand, eine Veränderung zu bewirken, indem Sie mittels Ihrer Gedanken eine neue Richtung einschlagen. Seien Sie Vorbild. Leben Sie anderen eine positive Ausrichtung vor. Inspirieren Sie andere, es Ihnen nachzumachen.

Der Negativ-Informationsstopp

In den 80er Jahren gab es einen Spruch: »Stell dir vor, es ist Krieg, und keiner geht hin.« Diesen Satz können Sie beliebig anpassen, wie zum Beispiel: »Stell dir vor, es kommen Nachrichten, und keiner hört hin.« Viele meinen, man müsse doch heutzutage über das Weltgeschehen informiert sein. Andernfalls gelte man als dumm oder gar ignorant. Um jedoch den immensen Einfluss der Medien bewusst zu erleben, schlage ich Ihnen folgendes vor:

1. Sehen Sie sich die Nachrichten an, aber schalten Sie sofort aus, sobald Sie sich unwohl fühlen. Dies dürfte innerhalb kürzester Zeit der Fall sein. Denken Sie daran, dass Ihre negativen Gefühle in Ihrem Leben zu negativen Ereignissen führen! Welchen Sinn macht es, sich diesem

Einfluss auszusetzen, nur weil andere meinen, dass man dies tun müsse?

2. Sehen Sie einige Tage lang keinerlei Nachrichten und befassen Sie sich in dieser Zeit mit Dingen, die Ihnen Spaß machen.

Auch wenn Sie es im Moment vielleicht noch nicht glauben, aber Sie werden nichts verpassen! Alle Informationen, die für Sie wirklich wichtig sind, werden Ihnen trotzdem zufließen. Die Möglichkeiten hierfür sind vielfältig: Internet, Radio, Plakate, Gesprächsfetzen im Vorbeigehen. Jedoch die ganzen weiteren negativen Nachrichten und Meldungen bleiben außerhalb Ihrer Wahrnehmung beziehungsweise Ihrer Gedanken und haben somit keinen Einfluss auf Ihr (Er-)Leben. Allein durch diese kleine Veränderung kann sich Ihr Leben deutlich positiver gestalten!

Statt also dem gewohnten Negativdenken der Masse zu folgen, treffen Sie lieber bewusst die Entscheidung, dass Sie nur noch Positives hören und sehen wollen. Entscheiden Sie sich für Freude und Wohlbefinden. Achten Sie auf positive Gedanken.

Stellen Sie sich vor, welch immense Auswirkungen dies haben kann: Wenn jeder von uns mehr auf positive Gedanken achten würde, wären negative Geschehnisse kein passendes Gegenstück mehr – es könnte sich nur noch Positives ereignen. Auf diese Weise kann jeder von uns dazu beitragen, die Welt zu verändern und zu einem Ort der Freude und des Wohlfühlens machen. Sind Sie dabei?

Die Achtung vor anderen Menschen
beginnt mit der Achtung vor dir selbst.
WILLY MEURER

6 Beziehung und Partnerschaft

Susanne fühlte sich erschöpft. Gerade in der Vorweih-
nachtszeit schien die Flut der Termine und Verpflichtungen
kein Ende zu nehmen. Anscheinend blieb alles an ihr hän-
gen, und nun sollte sie auch noch geschäftliche Weihnachts-
präsente für ihren Mann besorgen. Und ganz nebenbei ging
sie noch vormittags arbeiten, kümmerte sich um die Kinder
und bewältigte den Haushalt. Das Wort Ja war praktisch
ihr zweiter Vorname. Stets zu Diensten – als Ehefrau und
Mutter. »*Warum muss ich immer für die Bedürfnisse ande-*
rer zur Verfügung stehen?«*, fragte sie sich.* »*Wann küm-*
mert sich mal jemand um mich?«

Nirgends anders wird so oft Ja statt Nein gesagt wie in den
eigenen vier Wänden. Woran liegt es, dass gerade in einer
Beziehung dieses Verhalten, und zwar besonders von Frau-
en, praktiziert wird?

Vielleicht kommen Ihnen die folgenden Denk- und Verhaltensweisen bekannt vor:

› Ich muss die Erwartungen meines Partners erfüllen.
› Ich muss Kompromisse machen.

> Ich muss es ihm/ihr zuliebe tun.
> Ich muss auch mal zurückstecken können.
> Ich kann nicht alles haben.

Und daher sagen Sie Ja statt Nein:
> um des lieben Friedens willen.
> um dann in Ruhe gelassen zu werden.
> um Streitigkeiten aus dem Weg zu gehen.

Auf den ersten Blick scheint dieses Verhalten eine gute Lösung zu sein. Doch wie fühlen Sie sich dabei? Sind Sie voller Freude oder sind Sie genervt, entmutigt, fühlen sich überfordert oder gar benutzt? Was wird Ihnen wohl das Gesetz der Anziehung als Antwort hierauf liefern?

Der effektivste Ausweg aus diesem eingefahrenen Verhalten ist: Mehr Selbstachtung. Diese erlangen Sie auf sehr einfache Weise, und zwar indem Sie Ihre Kenntnisse über die Grundlagen anwenden. Erinnern Sie sich an die Macht Ihrer Gedanken. Viele meinen, die gestellten Anforderungen und Erwartungen des/der Anderen seien die Ursache für die Uneinigkeiten in der Beziehung. Doch so ist es nicht. Es geht nicht darum, was der/die Andere von Ihnen verlangt, sondern wie Sie hierüber denken. Es sind Ihre Gedanken, die Ihr Leben bestimmen. Sie können ab sofort damit aufhören, andere verändern zu wollen. Es ist lediglich erforderlich, dass Sie Ihre bisherigen, negativen Gedankenmuster in eine positivere Richtung verändern.

Lassen Sie sich nun schrittweise zu neuen Gedanken inspirieren. Aus größerer Sicht stellt sich eine Verbindung zweier Menschen wie folgt dar:

> Jeder Mensch hat den gleichen »Wert«.
> Jeder ist ein eigenständiges, einzigartiges Wesen.
> Jeder hat seine ganz persönlichen Wünsche und Ziele.
> Jeder hat sein eigenes Leben und muss seinen Lebensweg selbst gehen. Niemand anders kann auch nur einen einzigen Schritt davon abnehmen.
> Jeder hat sein eigenes Denken, und zwar ausschließlich in seinem eigenen Kopf.
> Allein die eigenen Gedanken bestimmen das Erleben.
> Gedanken von Minderwertigkeit, Pflicht oder Verantwortung werden vom Gesetz der Anziehung mit hierzu passenden, belastenden Erlebnissen beantwortet.
> Gedanken von Freiheit und Selbstbestimmung führen dagegen zu erfreulichen, positiven Erlebnissen.

Sie sehen, all Ihre bisherigen Erfahrungen sind lediglich das Ergebnis Ihrer Gedanken. Für neue Erlebnisse brauchen Sie neue Gedanken. Falls noch nicht geschehen, wäre es jetzt an der Zeit, dass Sie Ihre Zieleliste erstellen. Was wollen Sie sein, haben, tun und erleben? Lernen Sie Ihre ganz eigenen Wünsche und Bedürfnisse kennen. Schenken Sie sich selbst Aufmerksamkeit. Die wenigsten wissen: Die wichtigste Beziehung ist die mit sich selbst! So, wie Sie mit sich selbst umgehen, werden Sie auch von anderen behandelt. Die Gründe hierfür sind logisch: Wenn Sie negativ über sich selbst denken und Ihre eigenen Bedürfnisse boykottieren, muss Ihnen das Gesetz der Anziehung negative Situationen liefern. Gehen Sie jedoch achtsam und aufmerksam mit sich selbst um, dann werden Sie auch von anderen dementsprechend behandelt. Das heißt: Die Ursache für alles liegt immer nur in Ihnen, und zwar in Ihren Gedanken über sich selbst.

Gewinnen Sie mehr Selbstachtung
Bringen Sie Ihre Selbstachtung in Schwung, indem Sie Ihre eigenen Wünsche und Bedürfnisse ernst und wichtig nehmen. Sie dürfen sich alles wünschen, was Sie wollen – und ebenso Ihr/e Partner/in. Es gibt keine Rangfolge bei deren Erfüllung. Jeder Wunsch hat den gleichen Wert. Das Gesetz der Anziehung funktioniert immer, überall und für jeden – und es hat immer die perfekte Lösung parat. Sie dürfen darauf vertrauen, dass jeder das haben, tun und sein kann, was er sich wünscht. Das Universum hat unendliche Möglichkeiten hierfür. Jegliches Zurückstecken ist somit unnötig. Verbringen Sie Ihre Zeit lieber mit der Vorfreude auf die bevorstehenden gewünschten Erlebnisse. Fühlen Sie Begeisterung, Dankbarkeit und Wertschätzung. Seien Sie sicher: Selbst wenn beide Partner sich etwas komplett Gegenteiliges wünschen, so hat das Gesetz der Anziehung auch die passende »Doppellösung«. Nur weil Ihre Vorstellungskraft hierfür nicht ausreicht, heißt das noch lange nicht, dass es unmöglich zu erfüllen wäre. Vertrauen Sie!

Es ist wirklich nicht schwierig, alte Denkmuster zu entschärfen, und zwar einfach indem Sie sich entscheiden, stattdessen etwas anderes zu denken. Sie müssen also Ihre Gedanken nicht bekämpfen, verdrängen, unterdrücken oder loswerden, sondern lediglich neu formulieren. Sehen wir uns hierzu die gängigsten Denkmuster einmal genauer an.

Wer die Freiheit aufgibt, um Sicherheit zu gewinnen, wird am Ende beides verlieren.
BENJAMIN FRANKLIN

Ich muss die Erwartungen meines Partners erfüllen

Sie sind nicht in dieser Welt, um so zu sein, wie andere Sie haben möchten. Sie sind hier, um IHR Leben zu leben. Durch die Kenntnis der Grundlagen wissen Sie nun: Jeder ist immer nur für sich selbst verantwortlich. Sie können im Leben eines anderen nichts erschaffen oder abschaffen. Das muss jeder selbst erledigen, und zwar durch die entsprechende Gestaltung und Ausrichtung seiner eigenen Gedanken.

Es kann von niemandem verlangt werden, die Bedürfnisse oder Erwartungen des Partners zu kennen. Die meisten kennen nicht mal ihre eigenen. Die heutige Erwachsenengeneration wurde noch mit dem Denken erzogen, dass sie für das Glück des Partners verantwortlich seien. Sie meinen, es wäre ihre Pflicht, sich um die Bedürfnisse des anderen kümmern zu müssen. Und so denken sie dann auch, ihr eigenes Glück hänge vom Verhalten des Partners ab. Doch dieses »Wenn-dann-Verhalten« entspricht einer Liebe basierend auf Bedingungen wie: »Nur wenn du so bist und das tust, was und wie ich will, kann ich glücklich sein.«

Finden Sie hierzu Parallelen in Ihrem Leben? Wie fühlen Sie sich bei diesen Gedanken und in solchen Situationen? Machen Sie sich frei und unabhängig vom Verhalten Ihres Partners. Sie allein sind für die Gestaltung Ihres Lebens und für Ihr Glück verantwortlich – und Ihr Partner ebenso für seins.

Wie wäre es mit neuen, positiveren Gedanken in Bezug auf die Wünsche des Partners:
> Alle seine Wünsche werden vom Gesetz der Anziehung beantwortet.
> Die Erfüllung seiner Wünsche ist nicht mein Job.
> Die Erfüllung basiert allein auf der Ausrichtung seiner Gedanken.
> Die Erfüllung hängt davon ab, ob er sich auf Empfangsfrequenz befindet.
> Mein Job ist es, auf meine eigene positive Ausrichtung zu achten.
> So erlange ich die Erfüllung meiner Wünsche.
> Gleichzeitig kann ich andere inspirieren und ihnen zu positiven Gedanken verhelfen.
> Somit kann auf einfache Weise jeder das bekommen, was er sich wünscht.
> Das ist Wunscherfüllung mit Freude und Leichtigkeit – ein Gewinn für alle.

Sie sehen: Sie können niemals etwas durch das Stellen von Bedingungen in Ihrem Leben erzwingen. Wahre Liebe ist bedingungslos. Diese wahre Liebe fängt übrigens bei Ihnen selbst an. Tun Sie sich selbst gut und sorgen Sie in erster Linie für Ihr eigenes Wohlbefinden. Ihre eigene positive Ausrichtung ist entscheidend für die Erfüllung all Ihrer Wünsche. Achten Sie darauf, sich selbst zu loben. Suchen Sie nach Eigenschaften an Ihnen, die Ihnen gefallen. Schenken Sie sich selbst Aufmerksamkeit und Anerkennung. So befinden Sie sich auf jener Frequenz, die Ihnen noch mehr hiervon als Antwort liefern wird. Denken Sie daran: Nur das, was Sie selbst zuvor ausgesendet haben, kann zu Ihnen zurückkommen. Ihre eigene negative Sicht über sich selbst ist letztendlich auch nur ein Gedanke, den Sie jederzeit ändern können.

Am besten fassen Sie gleich jetzt einen neuen Entschluss hierfür. Erweitern Sie dazu Ihre Zieleliste mit Formulierungen wie:

> Ich wünsche mir eine Beziehung mit Freiheit und Unabhängigkeit.
> Ich habe die Absicht, mich mehr um meine eigenen Bedürfnisse zu kümmern.
> Ich habe die Absicht, mehr auf meine positive Ausrichtung zu achten.
> Ich habe die Absicht, mir selbst gutzutun.

Lassen Sie Ihrer Fantasie freien Lauf und stellen Sie sich bildhaft vor, wie Ihr Leben und Ihre Beziehung verlaufen sollen. Stellen Sie klar, was Sie vom Leben erwarten. Es gibt keine Grenzen außer denen, die Sie sich selbst setzen. Die Gedanken sind frei. Nutzen Sie diese Freiheit zur Gestaltung eines freien, freudvollen Lebens.

Genuss statt Gehorsam
Nun gibt es einen besonderen Bereich, in dem sich hauptsächlich Frauen den Erwartungen des Partners hilflos ausgeliefert fühlen: Sexualität. Gerade hier sagen sie oft Ja, obwohl sie Nein meinen. Oder sie sagen gar nichts und lassen »es« über sich ergehen. Welche Gründe stecken wirklich hinter diesem Verhalten? Was fällt Ihnen hierzu als erstes ein?

Die Abwehr von körperlicher Nähe und Intimität entwickelt sich meistens im weiteren Verlauf einer Beziehung. Zu Beginn ist das Paar wie ein Herz und eine Seele, doch mit den Jahren entdeckt man immer mehr unterschiedliche Ansichten. Nicht unerheblich ist für viele auch das (immer noch vorhandene) Rollendenken beziehungsweise wie Mann und Frau sich zu verhalten haben, welche Rechte und Pflichten sie haben.

Wie denken Sie hierüber? Welche Regeln wurden Ihnen in Ihrer Erziehung beigebracht? Auch für dieses Thema trifft zu: Sie erleben genau das, was Ihren Gedanken hierüber entspricht. Wenn Sie beispielsweise denken, es wäre Ihre Pflicht, ihm »zur Verfügung zu stehen«, was meinen Sie, wird die Antwort hierauf sein? Und wie fühlen Sie sich dabei?

Pflichtgedanken fühlen sich immer schlecht an. Und mehr noch: Auf diese Gedanken antwortet das Gesetz der Anziehung mit: »Okay, so sei es!« So werden Sie also stets genau das erleben, was Sie ja eigentlich gar nicht wollen.

Die eigenen Wünsche definieren

Aus all diesen »Pflicht- und Zwanggedanken« gibt es einen einfachen Ausweg: Bestimmen Sie für sich, was Sie stattdessen wollen. Was möchten Sie erleben? Wie soll Ihre Beziehung aussehen? Schreiben Sie auf Ihre Zieleliste, was Sie wirklich wollen. Harmonie, Respekt, Anerkennung, Liebe, Aufmerksamkeit – alles ist möglich, selbst wenn Sie gerade das Gegenteil erleben. Ausschlaggebend für eine Veränderung ist, dass Sie Ihre Wünsche bestimmen und sich hierauf ausrichten. Bringen Sie Ihre Gefühle mit hinein. Schreiben Sie ein neues Skript und stellen Sie sich alles so bildhaft wie möglich vor. Bringen Sie Ihre positiven Gefühle auf Touren und seien Sie gespannt auf die Antwort hierauf.

Vielleicht haben Sie aber auch die Abwehr von Nähe als wirksames Mittel von Macht erkannt. Vielleicht möchten Sie auf diese Weise Liebe und Aufmerksamkeit von Ihrem Partner »erzwingen«. Doch dieses Verhalten fühlt sich niemals gut an – für keinen von beiden.

Statt also Ihren Partner mit Druck und Zwang beeinflussen zu wollen, besinnen Sie sich lieber Ihrer wahren Macht – der Macht Ihrer Gedanken. Nutzen Sie das Gesetz der Anziehung als einen Verbündeten, der Ihnen immer die gewünschte, präzise Antwort liefern muss!

Bringen Sie mehr Achtsamkeit in Ihren Alltag und achten Sie auf Ihre Beziehung zu Ihnen selbst. Sehen Sie Ihre negativen Gedanken als eine Art Spiegel. Wenn Sie beispielsweise denken: »Ich fühle mich nicht ernst genommen«, dann fragen Sie sich, wo und warum Sie sich selbst nicht ernst nehmen. Das Verhalten anderer Ihnen gegenüber ist immer nur die Antwort auf Ihr eigenes Denken Ihnen selbst gegenüber. Andere können Ihnen immer nur das liefern, was Sie zuvor selbst ausgesendet haben.

> ❯ Sie wünschen sich Aufmerksamkeit? – Schenken Sie sich selbst die Aufmerksamkeit, die Sie sich wünschen.
> ❯ Sie wünschen sich Anerkennung? – Nehmen Sie Ihre eigenen Wünsche und Bedürfnisse ernst.
> ❯ Sie wünschen sich Harmonie und Ausgeglichenheit? – Nehmen Sie sich Zeit für Ruhe und Entspannung.

Sie sehen: Andere verändern oder zu irgendetwas zwingen zu wollen, ist reine Zeitverschwendung. Wirklich erfolgreich ist nur ein Weg: eine Veränderung IHRER Gedanken. Dabei ist es völlig unerheblich, wie Ihre derzeitige Situation aussieht. Es lässt sich immer und überall etwas Positives finden. Sie müssen sich lediglich hierfür entscheiden und schon hilft Ihnen das Gesetz der Anziehung dabei, Ihnen das Gewünschte sozusagen vor die Nase zu halten. Es ist wirklich so einfach! Probieren Sie es aus! Sie haben nichts zu verlieren, können aber jede Menge Freude dabei gewinnen. Sie sind unbesiegbar, und Ihre »Macht« ist unendlich. Sie sind immer nur einen einzigen Gedanken von dem entfernt, was Sie sich wünschen. Sie brauchen nur einen positiven Gedanken. Halten Sie ihn fest und erleben Sie, wie sich alles in Ihrem Leben zu Ihrem Besten wendet.

> *Wer heute einen Gedanken sät,*
> *erntet morgen die Tat, übermorgen die Gewohnheit*
> *und endlich sein Schicksal.*
> GOTTFRIED KELLER

Ich muss Kompromisse machen/ Ich muss es ihm/ihr zuliebe tun

Kompromisse machen nur Sinn, wenn Sie sich gut dabei fühlen. Dies ist jedoch selten der Fall, wenn Sie das Gefühl haben, dafür auf etwas verzichten zu müssen. Sicherlich kennen Sie die klassische Situation: Er will etwas, sie will etwas anderes – und dann verlangt beispielsweise er, dass sie ihm zuliebe doch mitgehen möge. So sagt sie (um des lieben Frieden willens) Ja statt Nein, hat jedoch keine Freude dabei und zeigt dies durch ihr anteilnahmeloses Verhalten, was wiederum seine gute Laune erheblich schmälert. Kommt Ihnen dies bekannt vor? Wie viel Sinn machen solche Kompromisse?

Ich möchte Ihnen empfehlen, sich stets nur für »gesunde« Kompromisse zu entscheiden und aus wirklich liebevollen Gedanken heraus zuzustimmen. Bisher waren Kompromisse wahrscheinlich eine eher negative Erfahrung für Sie. Dies können Sie allerdings ab sofort ändern.

Dazu könnten Sie wie folgt vorgehen: Bevor Sie eine Entscheidung treffen, ergründen Sie Ihre Gedanken zu der betreffenden Situation. Fragen Sie sich:

> Fühle ich mich verpflichtet oder gar gezwungen?
> Wie denke ich wirklich über diesen Kompromiss?
> Wie fühle ich mich dabei?

Es reicht oft, wenn Sie Ihre Eindrücke hierzu in kurzen Formulierungen festhalten wie etwa »Ich fühle mich benutzt/ nicht ernst genommen/benachteiligt/verpflichtet.« Nun bestimmen Sie, was Sie stattdessen erleben möchten, wie zum Beispiel: »Meine Wünsche sind ebenso wichtig, werden anerkannt und respektiert.« Kreieren Sie in Ihren Gedanken all das, was Sie gern erleben möchten und wie Sie es erleben möchten.

Erinnern Sie sich daran, dass es keine Nichtfrequenz gibt. Jedes »Ich will nicht« lenkt Ihre Aufmerksamkeit auf das Unerwünschte, und das Gesetz der Anziehung wird Ihnen mehr davon liefern. Bestimmen Sie daher immer, was Sie stattdessen wollen. Ergründen Sie Ihre eigenen Wünsche und Bedürfnisse.

Stellen Sie Ihre Ziele an die erste Stelle, fühlen Sie sich gut dabei und vertrauen Sie darauf, dass das Gesetz der Anziehung Ihnen die Erfüllung bringen muss. Seien Sie voller Erwartung und Vorfreude. In gleicher Weise sollte sich auch Ihr Partner bezüglich seiner Ziele verhalten. So sind Sie beide auf Vertrauen, Zuversicht und Freude ausgerichtet – und auf Empfang für jene Lösung, die für Sie beide einen Gewinn darstellt. Dies ist mehr als ein »gesunder« Kompromiss, da beide ihre Ziele erreichen, ohne dass einer auf etwas verzichten muss oder sich irgendwie benachteiligt fühlt.

Sie sehen: Pflichtgedanken zeigen lediglich, dass Sie kein Vertrauen in die vielfältigen Möglichkeiten haben, die das Gesetz der Anziehung zu bieten hat. Stattdessen sind Sie weiterhin auf das Problem konzentriert und daher nicht auf Empfang für die passende Lösung. Die negativen Gefühle, die Sie dabei empfinden, sind Ihr Warnsignal, das Ihnen sagen möchte: »Diese Gedanken passen nicht zu dir und deinem Leben. Was willst du wirklich?«

Was immer Sie tun – Sie sollten mit Freude dabei sein. Stellen Sie fest, was Sie wollen, und fühlen Sie sich hinein. Diese positive Ausrichtung ist die Basis für ein freudvolles, liebevolles Ja. Welche Art von Erlebnissen wird wohl die Antwort hierauf sein? Es ist nur ein kleiner Gedanke, den es zu ändern gilt, doch die Auswirkungen sind immens. Trauen Sie sich! Erlauben Sie sich, ein Leben voll Freude und Leichtigkeit zu führen.

Eine Sache entwickelt sich von selbst,
wenn man dauernd an sie denkt.
HENRY FORD

Ich muss auch mal zurückstecken können/
Ich kann nicht alles haben

Haben Sie einmal erlebt, was kleine Kinder für eine immense Vorstellungskraft haben und mit welcher Selbstverständlichkeit sie alles für möglich halten? Sie sind noch frei von dem einschränkenden Denken der Gesellschaft. Sie vertrauen noch auf ihr Gefühl von Freiheit und Unabhängigkeit, was ihnen jedoch beim Heranwachsen abtrainiert wird. Glücklicherweise wird der Einfluss der Erwachsenen derzeit immer geringer. Die Kinder der heutigen jungen Generation sind stärker und selbstbewusster denn je. Sie sagen Nein, wenn dies ihrem Gefühl entspricht, hinterfragen die Regeln und verweigern alle Strukturen von Autorität. Sie haben den starken Impuls, auf sich selbst und ihre eigenen Gefühle zu vertrauen und sind bestrebt, dies im Leben auch umzusetzen. Sie haben ein starkes, inneres Vertrauen. Selbst wenn sie die hier beschriebenen Grundlagen vielleicht nicht in Worte fassen können – sie können sie aber fühlen. Dies ist ihre Art zu wissen: Ich kann alles haben und niemand muss zurückstecken.

Wie wäre es nun, wenn Sie sich hieran ein Beispiel nehmen würden? Erinnern Sie sich kurz: Dieses Universum ist unendlich. Dies gilt für alles – für Ressourcen, Meinungen, Gedanken und Möglichkeiten. Uns steht alles im unbegrenzten Maße zur Verfügung. Alles ist Energie, und diese kann jede nur erdenkliche Form annehmen und jederzeit wieder geändert werden. Was gibt der Energie die Form? Die Frequenz. Was bestimmt die Frequenz? IHR Denken!

Haben Sie dies verstanden? Mit Ihrem Denken erschaffen Sie die Form. Ihr Denken erschafft Ihr (Er-)Leben. Dies gilt für Materielles und Immaterielles. Alles, was Sie sich erdenken können, das kann auch die entsprechende Gestalt annehmen.

Wie viel Sinn macht es nun zu denken: »Ich kann nicht alles haben?« Ihr negatives Gefühl gibt Ihnen hierzu die prompte Antwort: Keinen! Alle ihre bisherigen Erfahrungen, dass irgendetwas beschränkt sei, liegen ausschließlich an Ihrem Mangeldenken. Das Gesetz der Anziehung hat hierauf lediglich stets mit Gleichem geantwortet.

> Ich kann nicht alles haben. – So sei es!
> Ich muss zurückstecken. – So sei es!

Meinen Sie tatsächlich, es gibt für alles ein begrenztes Kontingent? Wer bestimmt dann, wie viel Ihnen jeweils zusteht beziehungsweise wann Sie etwas abgeben müssen? Wer kennt all Ihre Bedürfnisse und Wünsche hierzu?

Stellen Sie sich vor, Sie waren die letzten drei Jahre kerngesund. Würden Sie je denken: Okay, jetzt werde ich mal krank, damit jemand anderes dafür gesund sein kann?

Dieses Universum mit all seinen Möglichkeiten ist kein großer, begrenzter Kuchen, der unter allen aufgeteilt werden muss. Es ist ein unendlicher Teig, von dem sich jeder unbegrenzt bedienen darf und daraus seinen eigenen Kuchen backen kann. Er wird niemals enden. Er kann nicht verbraucht werden.

Beginnen Sie schrittweise mit neuen Gedanken:
> Alles ist Energie.
> Die Menge an Energie ist unbegrenzt.
> Energie kann eine Form annehmen.
> Die Form wird durch die Frequenz bestimmt.
> Meine Gedanken sind Frequenzen, die eine Form annehmen können.
> Durch meine Gedanken kann ich alles erschaffen, was ich haben und erleben will.
> Mein Partner kann dies für sich ebenfalls tun.
> Jeder von uns kann haben, was er will.
> Die Erfüllung hängt nur von der Ausrichtung der eigenen Gedanken ab.

Wenn Sie Ihre Ziele hinter denen Ihres Partners zurückstecken, hilft das keinem von Ihnen beiden. Wenn Sie Ihre Ziele aufgeben, dann heißt das, Sie geben Ihre Freiheit und Selbstbestimmung an jemand anderen ab. Das fühlt sich niemals gut an, führt zu schlechter Laune und liefert Ihnen negative Erlebnisse.

Behalten Sie daher lieber Ihre Ziele im Visier und entwickeln Sie vermehrt Gedanken von Fülle. Dies stärkt Sie in Ihrem Vertrauen, dass Sie all das haben können, was Sie sich wünschen. Fülle können Sie überall entdecken. Als Erstes müssen Sie jedoch beschließen, sie sehen zu wollen:

> Ich habe die Absicht, meine Gedanken auf Fülle auszurichten.

> Ich habe die Möglichkeit, überall Zeichen von Fülle zu erkennen.

Egal, wo Sie gerade sind, sehen Sie sich um. Nehmen Sie die Vielzahl der Gegenstände und Personen wahr. Gehen Sie hinaus in die Natur und bewundern Sie die Vielfalt der Pflanzen und Tiere. Achten Sie bei Ihrem nächsten Einkauf im Supermarkt auf die riesige Auswahl von Produkten. Fülle pur!

Je mehr Sie diese vielfältige Fülle um sich herum erkennen und sich darüber freuen können, umso mehr Fülle ziehen Sie dadurch in Ihr Leben. Allein durch diese veränderte gedankliche Ausrichtung werden Sie in allen Bereichen mehr Er*füll*ung erlangen.

Übrigens sind Sie selbst das beste Beispiel für Fülle: Sie haben die Fülle von unendlichen Möglichkeiten zur Verfügung. Sie haben eine unendliche Fülle von Gedanken, die Sie zum Gestalten Ihres Lebens nutzen können.

Oftmals ist es hilfreich, wenn Sie so oft wie möglich versuchen, sich aus einer größeren Perspektive zu sehen: Sie sind einzigartig und haben einzigartige Gedanken. Niemand anderes denkt so wie Sie. Ihr Denken ist einmalig, und somit erschaffen Sie einmalige Erlebnisse. Ihre Gedanken sind wertvoll, denn sie bereichern die große Palette der vielfältigen Möglichkeiten. Sie sind es wert, dass all Ihre Wünsche erfüllt werden. Sie dürfen alles haben und sein, was Sie wollen.

Der Lohn für Anpassung ist,
dass alle dich mögen, außer dir selbst!
Rita Mae Brown

7 Erfolgreich Ja und Nein sagen

Die vorangegangenen Beispiele haben Ihnen gezeigt, wie Sie aus jeder Situation das Beste machen können. Allein durch eine Veränderung Ihrer Gedanken können Sie mit Leichtigkeit alles verändern. Auf diese Weise bekommen Sie das Steuer Ihres Lebens wieder selbst in die Hand und können Kurs hin zu Ihren persönlichen Wünschen und Zielen nehmen.

Eine Veränderung der Lebenseinstellung erfordert ein wenig Training. So kann es durchaus passieren, dass Sie gelegentlich von Ihren alten (negativen) Denkmustern eingeholt werden und in ein altes Verhalten zurückfallen.

Dies ist jedoch nicht schlimm, sondern es schärft Ihre Wahrnehmung. Ihr altes Verhalten wird sofort von einem negativen Gefühl begleitet. Da Sie jetzt bewusster auf Ihre Gefühle achten, erkennen sie sofort, dass Sie gerade etwas denken oder tun, was Sie nicht wollen.

Wenn Sie nun mit sich selbst wegen dieses erneuten »Fehlverhaltens« schimpfen, dann verstärken Sie nur Ihre negative Ausrichtung. Stattdessen könnten Sie sich freuen, dass

Sie die Warnzeichen erkannt haben und auf Ihre Gefühle geachtet haben. Sie könnten diese unerwünschte Situation als weitere Trainingsmöglichkeit betrachten. Sie hätten nun eine erneute Möglichkeit, sich bewusst zu machen, was Sie stattdessen wollen. Sie hätten einen weiteren Anlass, sich mehr auf freudvolle Dinge auszurichten.

Bitte bedenken Sie: Es gibt keine Fehler! Alles »falsche Verhalten« hat lediglich einen Sinn: Es erzeugt negative Gefühle in Ihnen und teilt Ihnen auf diese Weise mit, dass dieses Denken und Handeln nicht zu Ihren Zielen passt. Somit ist jegliches »Fehlverhalten« lediglich die Plattform, auf der Sie Ihre neuen Wünsche formulieren und sich erneut bewusst auf Positives ausrichten.

So sind alle negativen Erlebnisse wie eine riesige Warnglocke, die Sie darauf aufmerksam machen möchte, dass Sie den positiven Frequenzbereich verlassen haben. Diese Warnung sollte Sie veranlassen, Ihre Aufmerksamkeit wieder mehr auf Ihre Ziele sowie Freude und Wohlbefinden auszurichten.

Gute Gefühle trainieren

Wie wäre es, wenn Sie jetzt gleich damit beginnen würden? Egal, ob Sie gerade daheim, unterwegs oder am Arbeitsplatz sind; sehen Sie sich um und finden Sie etwas, über das Sie sich freuen können. Dies kann ein Gegenstand oder auch eine Person sein. Es kann etwas Großes oder ein winziges Detail sein. Wichtig ist allein Ihr Gefühl, sodass Sie sagen können: »Das gefällt mir« oder: »Das finde ich toll.«

Sie können hieraus auch ein Spiel machen, das Sie immer und überall spielen können. Schließlich gibt es überall schöne Dinge zu entdecken. Machen Sie es sich zur Gewohnheit, täglich Positives jeglicher Art sehen zu wollen. Halten Sie bewusst Ausschau nach all jenen tausend Dingen, an denen Sie sich erfreuen können. Die Welt ist voll hiervon!

Auf diese Weise machen Sie Freude und Wohlbefinden zu Ihrer vorherrschenden Frequenz. Bisher waren Sie es gewohnt, sich schlecht zu fühlen. Jetzt wird Wohlbefinden zu Ihrer Gewohnheit. Somit werden dann auch freudvolle Erfahrungen und Situationen in Ihrem Alltag zur Normalität.

Denken Sie hierbei immer an Ihren großen Verbündeten: das Gesetz der Anziehung. Wenn Sie Freude leben (und damit aussenden), werden Sie mehr hiervon als Antwort erhalten. So kann niemals Unerfreuliches auf Sie zukommen.

Gerade jetzt stehen Sie wahrscheinlich noch am Anfang der Umsetzung Ihres neuen Denkens. Es gelingt Ihnen zwar schon immer öfter, sich auf Freude auszurichten, doch gelegentlich gewinnt die alte Gewohnheit des negativen Denkens die Oberhand. So haben Sie dann doch mal wieder Ja gesagt, obwohl Sie dies gar nicht wollten. Und ausgerechnet in diesem Fall erscheint Ihnen die Verpflichtung zu groß, so dass Sie keinen Ausweg sehen.

Doch auch für anscheinend aussichtslose Situationen gibt es eine Lösung. Nutzen Sie die Macht Ihrer Gedanken und Sie können alles (wirklich alles!) in Ihrem Leben in neue Bahnen lenken.

In der Zwickmühle stecken

Sie haben nun also Ja gesagt, obwohl Sie dies eigentlich nicht wollten. Aus vielerlei Gründen wollen (bzw. können) Sie nicht mehr absagen. Solch eine Situation finden Sie in allen Bereichen des Lebens, sei es Familie, Beruf oder Freizeit.

Auf den ersten Blick scheint es so, dass Sie nun in der Zwickmühle sitzen. Sie müssen etwas tun, was Sie eigentlich nicht wollen. Sie haben nicht Nein sagen können. Wie gehen Sie nun am besten damit um? Sehen wir uns die Situation einmal genauer an:

> Sie wurden etwas gebeten und haben zugesagt = ist Vergangenheit.

> Sie haben nicht den Mut gehabt, Nein zu sagen = ist Vergangenheit.

> Ich kann nicht absagen = ist Ihr derzeitiges Denken (negatives Gefühl).

Sie fühlen sich verpflichtet, doch es ist einzig und allein IHR Gedanke, dass Sie zu etwas verpflichtet sind. Sie wissen ja: Solange Sie dieses Denken beibehalten, werden stets Personen mit Verpflichtungen auf Sie zukommen.

Das Empfinden von Pflicht ohne Ausweg resultiert ausschließlich daraus, dass Ihre Aufmerksamkeit auf Negatives ausgerichtet ist. Sie betrachten die »Ist-Situation« und lassen all Ihre Gedanken hierum kreisen. So grübeln Sie über Notlügen, Ausflüchte und Ausreden nach – und all dies lässt Sie weiterhin schlecht fühlen. Was wird wohl die Antwort hierauf sein?

Die Zwickmühle wird oftmals noch verstärkt, wenn Sie zusätzlich vergangene Erlebnisse gleicher Art in Ihr negatives Gedankenkarussell mit einbeziehen. Sie haben dann Erinnerungen nach dem Motto: »Letztes Mal war es so langweilig.« Oder: »Ich kann mit den anderen Personen dort nichts anfangen.« – »Eigentlich macht es mir gar keinen Spaß.« Sie schwelgen also regelrecht in negativen Gefühlen. Was werden Sie wohl hierauf als Antwort erhalten?

Eine klare Entscheidung treffen

Solange Sie sich in einer Zwickmühle gefangen fühlen, kann sich in Ihrem Erleben nichts ändern. Ihre Gedanken sind hin und her gerissen; Sie befassen sich mit Mutmaßungen, Befürchtungen und sind ärgerlich über sich selbst. Sie träumen einerseits vielleicht von einer perfekten Ausrede, doch andererseits fühlen Sie sich machtlos und ausgeliefert. Ihre Gedanken sind ein einziges Chaos.

Der erste Schritt zurück in die Freiheit ist, dass Sie eine klare Entscheidung treffen. Es ist wichtig, dass Sie Ihren Gedanken in eine Richtung lenken. Fragen Sie sich: Was möchte ich erleben? Wie will ich mich fühlen?

Es ist völlig unerheblich, ob Sie in der aktuellen Situation Ja oder Nein sagen. Wichtig ist, wie Sie über Ihre Entscheidung denken und wie Sie sich dabei fühlen. Energie folgt der Aufmerksamkeit. Diesen Fokus bestimmen ganz allein Sie selbst. Wenn Sie also Ja sagen, dann seien Sie voll und ganz bei der Sache. Und wenn Sie Nein sagen, seien Sie ebenfalls voll und ganz bei der Sache!

Sie sagen Ja

Da Sie nun absolut nicht absagen können (wollen), ziehen Sie Ihren Joker zurate. Wie können Sie in dieser Situation die Grundlagen am besten anwenden? Bestimmen Sie Ihr Ziel! Lassen Sie Ihre bisherigen Erfahrungen hinter sich, denn diese halten Sie nur in Ihrem derzeitigen Denken gefangen. Sie können aber jetzt Ihr Erleben neu definieren, indem Sie Ihr Denken ändern.

Jede Situation Ihres Lebens ist das Resultat Ihrer Gedanken. Wenn Sie etwas immer und immer wieder erleben, dann bedeutet dies lediglich, dass Sie immer und immer wieder die gleichen Gedanken haben.

Wie wäre es nun, dieses Wissen zu nutzen? Wenn Sie vorher Ihre Gedanken nach Ihren Wünschen ausrichten, muss die darauf folgende Situation genau diesen Wünschen entsprechen.

Auch wenn Sie bereits in der Zwickmühle stecken, haben Sie immer noch die Macht, mit Ihren Gedanken den weiteren Verlauf der Situation zu verändern! Sie benötigen hierzu lediglich eine Veränderung der Ausrichtung Ihrer Gedanken. Denken Sie nicht darüber nach, was gerade »ist«, sondern machen Sie sich klar, was Sie gern stattdessen erleben möchten.

> Wie wollen Sie sich in der bevorstehenden Situation fühlen?
> Was möchten Sie erleben?
> Wie soll es ablaufen?

Stellen Sie sich innerlich die bisher »gefürchtete« Situation komplett neu vor. Alles ist möglich, denn Sie kreieren gerade den Ablauf von Grund auf neu. Bringen Sie Spaß, Freude, Harmonie, Anerkennung und Erfüllung in die Situation. Achten Sie dabei bewusst darauf, wie gut sich dies alles anfühlt.

Lassen Sie buchstäblich einen Film in Ihrem Kopf ablaufen. Das Drehbuch hierzu stammt aus Ihrer Feder. Sie bestimmen die Akteure und die Dialoge. Erschaffen Sie die Situation so, wie Sie es gern hätten. Gestalten Sie alles so, dass Sie sich wohlfühlen.

Alles in Ihrem Leben ist veränderbar. Es kommt lediglich darauf an, wie sehr Sie Ihre Gedanken verändern. Sie könnten sich jederzeit dafür entscheiden, bewusst nach neuen, sich besser anfühlenden Gedanken zu suchen. Auf diese Weise können Sie Schritt für Schritt Ihre Frequenz verbessern.

Wenn Sie in negativen Gefühlen fest hängen, sind alle erfreulichen Lösungen außerhalb Ihrer Wahrnehmung. Daher ist es unerlässlich, dass Sie Ihre Gedanken auf die positive »Lösungs-Frequenz« bringen. So entwickeln Sie schrittweise Ihr neues Denken:

> Im Moment kann ich nur Negatives sehen.
> Es gibt aber sicher etwas Positives an der Sache.
> Mein Erleben hängt allein von meinen Gedanken/ Vorstellungen ab.

> Es kann diesmal ganz anders ablaufen.
> Ich kann sogar Spaß daran haben.
> Ich stelle mir die Situation nach meinen Wünschen vor.
> Ich möchte positive Erlebnisse haben.
> Ich werde dort neue Dinge finden, die mir Freude bereiten.
> Ich werde neue, interessante Personen kennenlernen.
> Ich bin gespannt auf die neuen Erfahrungen.
> Ich freue mich darauf, meine vorherige »Programmierung« real zu erleben.
> Ich werde eine Menge Spaß haben.
> Und darauf hin werde ich noch mehr Spaß in meinem Leben haben ...

Wichtig ist also, dass Sie die Ausrichtung Ihrer Gedanken auf Positives lenken. Auf diese Weise können Sie Ja sagen – und es auch so meinen und fühlen! Probieren Sie es aus und lassen Sie sich von den darauf folgenden, wunderbaren Ereignissen überraschen. Sie werden begeistert sein!

Als Susanne ihren Sohn vom Kindergarten abholte, kam die Leiterin auf sie zu und fragte: »Nächsten Mittwoch findet ja der Ausflug statt. Hierfür benötigen wir noch Eltern als zusätzliche Betreuungspersonen. Könnten Sie bitte mitfahren? Wir brauchen auf jeden Fall noch zwei weitere Personen.« An den Ausflug hatte Susanne gar nicht mehr gedacht. Für den Tag hatte sie sich bereits etwas anderes vor-

genommen. Jetzt saß sie in der Zwickmühle. Einerseits fühlte sie sich verpflichtet, ihre Unterstützung anzubieten, und andererseits wollte sie eigentlich ganz andere Dinge tun. Letztendlich siegte ihr Pflichtgefühl, und sie sagte zu. Kaum daheim, ärgerte sie sich über ihre Nachgiebigkeit und ihr erneutes Ja sagen.

Ihre bisherigen Erfahrungen mit Ausflügen waren geprägt von einem langweiligen Austausch mit den anderen Müttern. Deren einziges Gesprächsthema waren die Kinder. Als ob es sonst nichts anderes auf der Welt gäbe. »Okay«, dachte sie, »auch wenn ich mich verpflichtet fühle, heißt das noch lange nicht, dass der Ausflug eine langweilige und freudlose Pflicht wird. Dies sind lediglich meine bisherigen Gedanken. Ich habe die Absicht, etwas Neues zu erleben. Ich möchte einen wunderbaren Tag mit viel Spaß, Freude sowie interessanten Begegnungen und Gesprächen.« Sie spürte, dass sich diese Gedanken richtig gut anfühlten. Ihre anfänglichen negativen Empfindungen und ebenso ihr Pflichtgefühl schienen verflogen zu sein. Sie fühlte sich einfach gut. Es machte ihr einen riesigen Spaß, sich den bevorstehenden Tag sozusagen in den buntesten Farben auszumalen.

Der Ausflug wurde in der Tat zu einem erfolgreichen und freudvollen Erlebnis. Anstelle einer erkrankten Mutter war ein Vater eingesprungen. Susanne fand heraus, dass er in der gleichen Branche arbeitete wie sie. So hatten sie beide einen angeregten Austausch über ihre beruflichen Tätigkeiten, gaben sich gegenseitig Tipps und hatten jede Menge Spaß dabei. Ein rundum gelungener Tag!

Sie sagen Nein

Auch ein Neinsagen kann ein positives Erlebnis für Sie sein – und zwar ganz ohne Schuld- und Pflichtgefühle. Hierzu ist natürlich nötig, dass Sie eine klare Entscheidung zum Nein treffen.

Wann immer Sie zwischen zwei Entscheidungen hängen bleiben, kommen Sie nicht voran. Einerseits müssen Sie etwas tun und andererseits wollen Sie es aber nicht. Erinnern Sie sich bitte daran, dass es keine »Ich-will-nicht-Frequenz« gibt. Solange Sie also meinen in der Zwickmühle zu stecken, liegt Ihr Fokus auf dem Problem.

Als erstes sollten Sie Ihre (derzeit noch) negative Frequenz verändern. Solange Sie in Abwehrhaltung, in Rechtfertigung oder sonstigem Widerstand sind, wird die Antwort hierauf dementsprechend sein: Sie erleben Streit, Ärger oder Schuldzuweisungen wegen Ihres Neinsagens.

Stellen Sie also klar fest, was Sie stattdessen wollen. So möchten Sie vielleicht Ihre Zeit viel lieber für sich selbst nutzen, Sie haben bereits andere Pläne oder vielfältige weitere Gründe für Ihre Entscheidung.

Lassen Sie, wie bereits vorab beschrieben, einen inneren Film entstehen. Erschaffen Sie in Ihren Gedanken jene Situationen, die Sie stattdessen gern erleben möchten. Fühlen Sie die Freude, die Begeisterung, die Erfüllung. Werden Sie eins mit Ihrem Wunsch. Ihre intensiven positiven Gefühle und die Ausrichtung Ihrer Gedanken sind Ihre Botschaft an das Gesetz der Anziehung: »Genau das will ich erleben.«

Sie haben somit ein klares Signal ausgesendet und werden Gleiches als Antwort erhalten. Sie brauchen sich nicht darum zu kümmern, »wie« dies möglich sein soll. Ihr einziger Job ist es, Ihre Gedanken und Gefühle in einem positiven Bereich zu halten. Dazu dürfen Sie jegliche Hilfsmittel nutzen, die Ihnen zur Verfügung stehen; befassen Sie sich mit all den kleinen und großen Dingen, die Ihnen gut tun.

Erfolgreich beim Nein bleiben

Erinnern Sie sich daran: Sie können im Leben eines anderen nichts abschaffen oder erschaffen. Dies muss jeder selbst tun – mittels seiner eigenen Gedanken. Sie sind absolut frei von der Verantwortung für Erlebnisse anderer Personen. Sie müssen deren Spielchen nicht mitmachen, wenn es Ihnen nicht gefällt. Niemand hat Macht über Ihr Leben außer Ihnen selbst. Es sind allein IHRE Gedanken, die Ihr Erleben gestalten.

Den anderen wird Ihre »Verweigerung« sicherlich nicht gefallen, und sie werden die vielfältigsten Tricks anwenden, um die bisherige Macht über Sie wiederzuerlangen. Bleiben Sie entspannt und erinnern Sie sich immer wieder an die Spielregeln des Lebens. Sie allein sind der Erschaffer Ihres Lebens und Sie allein wissen, was Ihnen gut tut und was Sie erleben wollen. Niemand anderes kann dies für Sie entscheiden. Sie sind absolut frei!

Um diese wunderbare Freiheit leben zu können, bringen Sie nun Ihre Gedanken Stück für Stück in neue Bahnen:

> Ich fühle mich verpflichtet zu helfen.

> Ich fühle mich für andere verantwortlich.

> Ich möchte neue Gedanken finden, die sich besser anfühlen.

> Meine Gedanken erschaffen mein Erleben.

> Jeder kann nur für sich selbst denken.

> Jeder erschafft sein eigenes Erleben durch sein eigenes Denken.

> Ich bin nicht für das Erleben anderer verantwortlich.

> Ich bin nicht für die Erfüllung der Wünsche anderer zuständig.

> Jeder hat selbst ausreichend Mittel und Wege, um Unterstützung zu finden.

> Es gibt viele Möglichkeiten zur Erfüllung der Wünsche anderer.

> Meine Hilfe ist hierbei nur ein Weg von vielen.

> Es ist meine freie Entscheidung, Hilfe anzubieten.

> Forderungen zeigen nur, dass der andere sich in einer negativen Frequenz befindet.

> Ich lasse mich nicht von den negativen Gedanken anderer beeinflussen.

> Ich mache die Gedanken anderer nicht zu meinen eigenen.

> Ich konzentriere mich auf positive Gedanken.

> Ich freue mich auf jede Menge Spaß bei meinem Vorhaben.

> Ich entscheide mich konsequent für Freude und Wohlbefinden.
> Auf diese Weise befinde ich mich auf einer positiven Frequenz, und so kann ich ausschließlich positive Erlebnisse haben.

Andere Personen vermitteln gern den Eindruck von Hilflosigkeit (hiermit sind keine akuten, lebensbedrohenden Notfälle gemeint). Doch oftmals ist diese Hilflosigkeit lediglich eine gut getarnte Bequemlichkeit. Jene Personen wissen, dass Sie immer Ja sagen. So brauchen sie sich nicht groß selbst anzustrengen. Doch nun kommen Sie daher und sagen einfach Nein. Dieses Verhalten bringt natürlich die vertraute Bequemlichkeit ins Wanken, und der Betroffene müsste selbst aktiv werden.

Aus einer größeren Sicht ist dies für den anderen durchaus vorteilhaft. Auf diese Weise müsste sich er sich nämlich mehr mit seinen Wünschen und Zielen befassen. Ihr Nein sagen ist für den anderen der perfekte Anlass, seine Gedanken neu auszurichten. Wenn er nun die Grundlagen des Lebens kennen würde, könnte er Ihr Nein durchaus als Hinweis schätzen, seinen Fokus wieder mehr auf Wohlbefinden auszurichten. Wenn nämlich etwas nicht so läuft, wie man es sich wünscht, dann hat das lediglich einen Grund: Die derzeitige Frequenz und die Zielfrequenz sind nicht in Übereinstimmung. Da hilft kein Meckern und kein Klagen, sondern nur eins: Mehr Freude und Wohlbefinden leben –

und dann tun sich jede Menge Möglichkeiten auf, die mit Leichtigkeit zum gewünschten Ziel führen.

Als Susanne ihren Sohn vom Kindergarten abholte, kam die Leiterin auf sie zu und fragte: »Nächsten Mittwoch findet ja der Ausflug statt. Hierfür benötigen wir noch Eltern als zusätzliche Betreuungspersonen. Könnten Sie bitte mitfahren? Wir brauchen auf jeden Fall noch zwei weitere Personen.« An den Ausflug hatte Susanne gar nicht mehr gedacht. Für den Tag hatte sie sich bereits etwas anderes vorgenommen. Jetzt saß sie in der Zwickmühle. Einerseits fühlte sie sich verpflichtet, ihre Unterstützung anzubieten, und andererseits wollte sie eigentlich ganz andere Dinge tun. »Nein, tut mir wirklich leid, aber ich habe an dem Tag schon andere Termine«, sagte sie. Das enttäusche Gesicht der Leiterin bereitete ihr Unbehagen. Sie spürte ein nagendes Pflichtgefühl und beeilte sich, den Raum zu verlassen.

Sie erinnerte sich an ihre bisherigen Erfahrungen mit Ausflügen: langweiliger Austausch mit anderen Müttern, die nur ein einziges Gesprächsthema kannten – die Kinder. Als ob es sonst nichts anderes auf der Welt gäbe.

»Okay«, dachte sie »auch wenn ich mich verpflichtet fühle, heißt das noch lange nicht, dass ich auch verpflichtet bin. Dies ist lediglich mein Denken. Ich habe aber die freie Entscheidung, jederzeit etwas anderes zu denken. Ich habe die Absicht, den Tag nach meinen eigenen Wünschen zu gestalten. Die Leiterin ist nicht von meiner Hilfe abhängig. Ich weiß, dass sie eine positive Einstellung hat und bisher immer alles wunderbar regeln konnte. Sie wird auch dies-

mal die perfekte Lösung finden. Es gibt viele Wege und Möglichkeiten hierfür. Ich weiß, dass sie sich gut auf Ziele ausrichten kann. Es wird sich alles bestens regeln.« Sie stellte sich innerlich vor, wie der Tag für alle Beteiligten zu einem schönen Erlebnis wurde. Es machte ihr einen riesigen Spaß, sich alles in den buntesten Farben auszumalen.

Sie spürte, dass sich diese Gedanken richtig gut anfühlten. Ihre anfänglichen negativen Empfindungen und ebenso ihr Pflichtgefühl schienen verflogen zu sein. Sie fühlte sich einfach gut.

Der Tag wurde für alle zu einem erfolgreichen und freudvollen Erlebnis. Die Leiterin hatte tatsächlich noch zwei freiwillige Betreuer finden können, und Susanne konnte mit Freude ihren eigenen Plänen nachgehen. Ein rundum gelungener Tag!

> Wenn zu Ihnen jemand Ja sagt. – Alles bestens.
> Wenn zu Ihnen jemand Nein sagt. – Ebenfalls alles bestens.

Oder nicht? Haben Sie durch das Nein ein »Problem«? Was Ihnen hier hilft, ist der Blick nach vorn: Jedes Problem hat stets noch eine zweite Seite. In jeder Situation gibt es auch immer etwas Positives zu entdecken. Die Frage ist nur: Wollen Sie es sehen? Erst wenn Sie es wollen, werden Sie es auch können.

Das Positivste, das jedes Problem zu bieten hat, ist: Sie können nun klar erkennen und bestimmen, was Sie stattdessen wollen. Sehen Sie das Problem als Hinweis auf einen

Bereich in Ihrem Leben, für den Sie bisher noch keine klaren Ziele definiert haben. Das Problem ist somit lediglich Ihre Plattform, auf der Sie neue Ideen, Wünsche und Ziele bestimmen. Jedes Problem ist eine Aufforderung, dass Sie sich doch bitte wieder mehr auf Ihr Wohlfühlen konzentrieren sollten. Probleme erinnern Sie daran, mehr Spaß und Freude in Ihr Leben zu bringen, sich Neues zu wünschen, eigene Bedürfnisse zu entdecken beziehungsweise für mehr Wohlbefinden zu sorgen.

Mit dem Grundlagenwissen könnten Sie schließlich Gedanken entwickeln wie:

> Das Nein ist nur die Antwort auf meine vorherige negative Ausrichtung.
> Das Nein ist nicht persönlich gemeint.
> Das Nein zeigt nur an, dass ich auf einer negativen Frequenz bin.
> Das Nein macht mich aufmerksam, denn es fühlt sich schlecht an.
> Das Nein ist mein Auslöser, um mich wieder auf meine Wünsche, Ziele und Bedürfnisse zu besinnen.
> Ich nutze diesen Anlass jetzt, um meinen Fokus neu auszurichten.
> Ich suche jetzt nach Gedanken, die sich gut anfühlen.
> Ich suche jetzt nach Dingen, die mir Freude bereiten.
> Ich konzentriere mich jetzt auf Spaß und Wohlbefinden.

> Ich freue mich auf neue Erlebnisse, neue Wege und neue Möglichkeiten.
> Ich bin gespannt auf die neue Entwicklung der Situation.
> Ich bin gespannt, wie viel weiteres Positives ich entdecken kann.
> Ich kann es kaum noch erwarten.
> Ich habe ein richtig gutes Gefühl.

Zwickmühlen vermeiden

Nun wäre es natürlich von Vorteil, solche Art von Zwickmühlen schon im Vorfeld zu vermeiden. Dies ist durchaus möglich!

Sehen wir uns zuerst einmal die in den vorangehenden Kapiteln beschriebenen Glaubenssätze beziehungsweise Denkmuster an. Hier finden sich sicherlich viele Gedanken, die Ihnen vertraut vorkommen, da Sie (derzeit noch) selbst täglich Gedanken dieser Art haben.

An dieser Stelle wäre es für Sie sehr hilfreich, wenn Sie nun die vorab bereits ausführlich beschriebenen alltäglichen Denk- und Verhaltensweisen korrigieren, indem Sie formulieren, was Sie stattdessen wollen. Notieren Sie zu den nachfolgenden Punkten Ihre neuen, positiveren Gedanken.

Pflichtgefühl: Ich fühle mich verpflichtet.
Vorschlag: Ich bin frei. Ich bin nur für mich verantwortlich.

Negative Erwartungshaltung: Nichts Gutes ahnen.
Vorschlag: Ich lasse alle negativen Erfahrungen hinter
mir. Ich erwarte nur Gutes.

Hilflosigkeit: Überrollt werden/sich überrollt fühlen
Vorschlag: Ich habe die Macht, allein durch meine
Gedanken mein Erleben zu wandeln.

Selbstkritik:
Ich ärgere mich über mich selbst.
Vorschlag: Ich weiß jetzt, was ich nicht will, und freue
mich, ein neues Ziel zu kennen.

Verantwortung für andere:
Ich bin für das Leben anderer verantwortlich.
Vorschlag: Jeder erschafft seine Erlebnisse einzig und
allein selbst – durch seine Gedanken.

Sorgen:
Ich muss mir um andere Sorgen machen.
Vorschlag: Jeder wählt selbst seine Gedanken und ist
somit selbst für Erfolg oder Misserfolg verantwortlich.

Anpassung:

> Ich will nicht anecken oder die Gefühle anderer verletzen.

Vorschlag: Auf die Wahrnehmung anderer habe ich keinen Einfluss.

> Ich will dazu gehören.

Vorschlag: Ich richte ich mich auf Wertschätzung aus und ziehe somit Gleiches an.

> Ich will keinen Ärger bekommen.

Vorschlag: Ich bin für die Erfüllung von Erwartungen anderer nicht verantwortlich.

> Ich will nicht unfreundlich sein.

Vorschlag: Ich suche nach Dingen, die mir Freude bereiten, und werde somit freundliche Begegnungen haben.

> Ich muss mich nach den Wünschen anderer richten.

Vorschlag: Ich muss mich lediglich auf meine Wünsche und mein Wohlbefinden ausrichten.

> Ich darf niemanden vor den Kopf stoßen.

Vorschlag: Jeder hat die Freiheit, stets eine neue Wahl zu treffen.

> Ich darf nicht egoistisch sein.

Vorschlag: Mein Wohlbefinden steht an erster Stelle. Nur wenn es mir gut geht, können andere davon profitieren.

Aufmerksamkeit und Anerkennung:
> Ich bin unwichtig und klein.
   Vorschlag: Ich habe die großartige Fähigkeit, allein
   durch die Ausrichtung meiner Gedanken mein Leben
   nach meinen eigenen Wünschen zu beeinflussen.
> Ich werde oft übergangen oder von anderen nicht
   wahrgenommen.
   Vorschlag: Je mehr Aufmerksamkeit ich mir selbst
   schenke, um so mehr werde ich hiervon als Antwort
   von außen erhalten.
> Ich vergleiche mich mit jenen, die oft im Mittelpunkt
   stehen.
   Vorschlag: Ich bin einzigartig und habe meine ganz
   eigenen und speziellen Talente. Jegliches Vergleichen
   ist überflüssig.

Helfersyndrom und Märtyrer:
> Für andere bereit zu stehen ist doch normal!
   Vorschlag: Jeder ist für sein Leben selbst verantwortlich.
> Für andere Opfer zu bringen ist normal.
   Vorschlag: Nur eine freudvolle Unterstützung ist für
   alle Beteiligten ein Gewinn.
> Ich muss immer für andere da sein.
   Vorschlag: Mein Wohlbefinden steht an erster Stelle,
   denn nur wenn es mir gut geht, kann ich Freude
   schenken.

Innere Zwänge:

> Wenn ich Nein sage, wird das Konsequenzen haben,
ich bekomme Ärger, muss mich rechtfertigen oder
verliere Job und Freunde.
Vorschlag: Nein ist nur ein Wort. Was daraus folgt,
liegt an der Ausrichtung meiner Gedanken.

Äußere Zwänge:

> Alle machen es so.
Vorschlag: Ich allein entscheide, was gut für mich ist.
> Es wird von mir erwartet.
Vorschlag: Ich allein entscheide, was ich tun will.
> Ich muss mich den Vorgaben der Gesellschaft an-
passen.
Vorschlag: Ich habe die Freiheit, mich für meine
eigenen Gedanken und Ansichten zu entscheiden.

Beziehung und Partnerschaft:

> Ich muss die Erwartungen meines Partners erfüllen.
Vorschlag: Die Erfüllung von seinen Wünschen
basiert allein auf der Ausrichtung seiner Gedanken.
> Ich muss Kompromisse machen.
Vorschlag: Nur die Entscheidungen, die sich gut
anfühlen, sind für alle ein Gewinn.
> Ich muss es ihm/ihr zuliebe tun.
Vorschlag: Ich entscheide mich stets dazu, zu
allererst für mein eigenes Wohlbefinden zu sorgen.

> Ich muss auch mal zurückstecken können.
Vorschlag: Ich besinne mich jetzt auf die Unendlichkeit des Universums und die Fülle, die jedem von uns zur Verfügung steht.
> Ich kann nicht alles haben.
Vorschlag: Jeder Wunsch von mir kann erfüllt werden, denn die Mittel hierfür sind unbegrenzt.

Positivere Gedanken sind der erste, wichtige Schritt für all Ihre Veränderungen in Ihrem Leben. Erfahren Sie nun nachfolgend die effektivsten Tipps und Tricks, die Ihnen bei der Neuausrichtung Ihres Denkens behilflich sein können.

Programmieren statt reagieren

Statt ständig auf unliebsame Ereignisse reagieren zu müssen, gibt es die Möglichkeit, dass Sie im Vorfeld den bevorstehenden Tag »programmieren«. Teilen Sie hierzu den Tag in drei Abschnitte ein, wie zum Beispiel Vormittag, Nachmittag und Abend. Zu Beginn jedes Abschnitts nehmen Sie sich ein paar Minuten Zeit und formulieren dann, was Sie in den nächsten Stunden erleben möchten. Dies können ganz konkrete Sätze sein (»Ich möchte ein erfolgreiches Kundengespräch«). Aber auch recht globale Formulierungen sind möglich (»Ich wünsche mir einen harmonischen Tag mit freundlichen Begegnungen.«). Dann fühlen Sie sich für ein paar Minuten in diese positiven Sätze hinein. Fühlen

Sie sich, als wäre es bereits jetzt schon ein reales Erlebnis. Sehr hilfreich ist es oftmals, wenn Sie das Einfühlen durch innere Bilder verstärken.

Diese Vorgehensweise führen Sie nun zu Beginn jedes Tagesabschnitts durch. Auf diese Weise bringen Sie sich wenigstens dreimal am Tag in eine positive Ausrichtung und Erwartungshaltung. So verändern Sie in positiver Weise Ihre Frequenz und werden als Antwort hierauf erfreuliche Ereignisse erleben.

Der Zeitaufwand ist wirklich minimal. Machen Sie es sich zur Gewohnheit, so wie das Zähneputzen, sich einige Minuten pro Tag zum Programmieren zu reservieren. Seien Sie mit Leichtigkeit dabei. Betrachten Sie es als Spiel und haben Sie Spaß daran, sich immer wieder aufs Neue etwas auszudenken, das Ihnen Freude bereiten würde.

Gehen Sie auf Freude-Frequenz

Und wenn Sie gerade dabei sind, sich zu freuen, dann halten Sie dies Gefühl so lange wie möglich aufrecht. Freude ist eine Frequenz, die Ihnen freudvolle Resultate liefert – in allen Bereichen Ihres Lebens.

So könnte man im Prinzip auch sagen: Versuchen Sie, immer und überall mit Freude dabei zu sein und nach Erfreulichem Ausschau zu halten. Mehr brauchen Sie nicht zu tun, denn das Gesetz der Anziehung wird sich um alles Weitere kümmern. Es liefert Ihnen freudvolle Erlebnisse, motiviert zu freudvollen Handlungen und liefert weitere Gründe, über die Sie sich dann wiederum noch mehr freuen können.

Diese Kette können Sie beliebig lange fortsetzen. Denken Sie daran: Die Möglichkeiten des Universums sind unendlich. Somit gibt es auch kein Limit für Freude. Das Gesetz der Anziehung hält stets neue Überraschungen für Sie parat. Alles, was Sie hierfür tun müssen, ist: Treffen Sie eine bewusste Entscheidung, dass Sie sich auf Positives ausrichten wollen. Dieser Entschluss wird beantwortet mit: »So sei es!«, und schon wird Ihnen der erste Grund zur Freude geliefert. Die Kette hat begonnen. Nutzen Sie alles und jeden um sich herum, um Ihre positive Stimmung aufrecht zu erhalten und freuen Sie sich auf phantastische Erlebnisse.

Wertschätzung

Das Gefühl von Wertschätzung hat eine sehr intensive positive Ausstrahlung und ist sozusagen der Turbo-Antrieb für positive Veränderungen aller Art. Wertschätzung bedeutet, den Wert von etwas anerkennen oder schätzen zu können. Vieles im Alltag ist zur Selbstverständlichkeit geworden, wie etwa Internet, Telefon, Auto, Bus und Bahn. Wenn nun hiervon etwas ausfällt, was tun Sie dann? Wie reagieren Sie hierauf? Sind Sie ärgerlich und schimpfen? Was wird die Antwort hierauf sein?

Wie wäre es stattdessen mit Wertschätzung? Nehmen wir an, Ihre Internetverbindung wäre gestört. In diesem Moment wird Ihnen bewusst, wie wichtig dies für Ihr Leben geworden ist. Besinnen Sie sich nun auf die Vorteile, wie zum Beispiel schneller Zugriff auf Informationen,

Kommunikation ohne Grenzen, Vielfalt, Inspiration, Unterhaltung. Schätzen Sie die Personen, die für diese Erfindung und Entwicklung zuständig sind, die Beschäftigten der Branche und so weiter. Hinter dem Produkt Internet steckt eine riesige Maschinerie. Jeder Mensch und jedes Teilchen sind wichtige Bestandteile für den reibungslosen Ablauf. Versuchen Sie, dies alles mit wohlwollender Anerkennung zu betrachten. Der Einsatz anderer Menschen dient schließlich Ihrem Wohl und Ihrer Bequemlichkeit. Freuen Sie sich darüber, dass andere diese Jobs für Sie erledigen. Schätzen Sie deren Bereitschaft und Engagement.

Wertschätzung lässt Sie die Dinge um Sie herum sehr viel detaillierter wahrnehmen. So werden Sie sich nicht mehr über die drei Minuten Verspätung des Busses ärgern, sondern freuen sich, dass Ihnen dieses Verkehrsmittel zur Verfügung steht. Sie wissen es zu schätzen, dass Sie für einen geringen Geldbetrag zu Ihrem gewünschten Ziel befördert werden, haben einen Sitzplatz in einem geheizten Bus, können die Aussicht genießen, statt sich um den Verkehr kümmern zu müssen, brauchen keinen Parkplatz zu suchen und können während der Fahrt interessanten Menschen begegnen.

Wertschätzung können Sie überall anwenden, und zwar einfach, indem Sie sich einen Gegenstand auswählen und diesen gedanklich in seine Einzelteile zerlegen und die einzelnen Details wohlwollend zur Kenntnis nehmen, oder indem Sie den Entstehungsweg zurückverfolgen.

Das Buch in Ihren Händen hat einen langen Weg hinter sich. Vielerlei Komponenten sind nötig: Zeit für das Schreiben, Ideen für ein Konzept, das Vorhandensein eines PCs (wie gut, dass jemand so etwas erfunden hat!), die Idee für das Cover, Profis für die Gestaltung des Covers, für Lektorat und Korrektorat, für Marketing, Layout, Druck und Vertrieb.

Das Gute um sich herum wahrnehmen

In ähnlicher Weise können Sie Personen wertschätzen. Konzentrieren Sie sich auf deren äußere und innere Eigenschaften: Das Aussehen, die Frisur, die Kleidung und ebenso das Verhalten wie zum Beispiel Freundlichkeit, Rücksicht, Pünktlichkeit, Einfallsreichtum, Spontaneität und so weiter.

Probieren Sie es aus! Es wird Ihnen mehr Freude bereiten, als Sie jetzt vielleicht für möglich halten. Auf jeden Fall werden Sie bewusster und aufmerksamer unterwegs sein. Ihre Wahrnehmung wird sich erweitern. Ihnen werden immer mehr positive Details auffallen, und so haben Sie auch immer mehr Gründe, um sich zu freuen.

Wertschätzung fühlt sich enorm gut an. Wertschätzung ist frei von negativen Gedanken und richtet sich konsequent auf Positives aus. So können Sie vielerlei positive Gefühle wahrnehmen wie zum Beispiel Zufriedenheit, Harmonie, Anerkennung, Respekt, Wohlbefinden, Fülle und Begeisterung. Im Moment der Wertschätzung senden Sie all diese Frequenzen aus, und das Gesetz der Anziehung liefert die passenden Antworten hierauf.

Wertschätzung wird Werte und Schätze in Ihr Leben ziehen – und zwar in allen Bereichen.

Positive Sichtweise

Alles in Ihrem Leben hat zwei Seiten – eine positive und eine negative. Es ist nun Ihre Entscheidung, welcher Seite Sie Ihre Aufmerksamkeit schenken wollen. So können Sie sich also einerseits ärgern und sich beklagen. Dies hätte zur Folge, dass Ihnen das Gesetz der Anziehung aufgrund Ihrer negativen Ausrichtung noch weitere negative Ereignisse liefern muss.

Andererseits könnten Sie sich aber auch dazu entschließen, in den unliebsamen Erlebnissen etwas Positives zu entdecken. Fragen Sie sich: Wozu ist diese Erfahrung, dieses Erlebnis, gut? Wo kann ich trotz allem Vorteile für mich entdecken?

Egal, wie dramatisch Ihr Erlebnis auch im ersten Moment sein mag, es lässt sich jedoch immer ein wichtiger Punkt finden: Sie können nun viel konkreter und bewusster bestimmen, was Sie stattdessen wollen. So ist jede noch so negative Erfahrung von großem Wert, da Sie hierdurch viel besser Ihre Wünsche und Bedürfnisse kennen lernen.

Jedes Erlebnis bringt neue Wünsche in Ihnen zum Vorschein. Wichtig sind jedoch die Gefühle, die Sie hierbei entwickeln. Je intensiver Sie sich auf eine Verbesserung ausrichten, umso intensiver ist Ihre positive Frequenz. So wird die Antwort auch dementsprechend positiver ausfallen.

Wenn Sie beispielsweise eine Erkältung haben, dann wünschen Sie sich Gesundheit. Eine Erkältung ist jedoch keine gravierende Krankheit, und somit ist die Intensität Ihres Wunsches relativ gering. Falls Sie jedoch an einer schweren Erkrankung leiden, ist Ihr Genesungswunsch um ein Vielfaches stärker, was eine kraftvollere Antwort zur Folge hat.

Denken Sie daran: Das Gesetz der Anziehung antwortet nicht auf Ihre Worte, sondern auf die Frequenz, die Sie aussenden. Für positive Veränderungen in Ihrem Leben ist es daher unerlässlich, sich konsequent auf Positives auszurichten. Machen Sie sich diese neue Sicht und das neue Denken zur Gewohnheit:

> Alles, was mir passiert, habe ich selbst so angezogen.
> Meine Erlebnisse sind lediglich die Antwort auf meine vorhergehenden Gedanken.
> Ich kann meine Gedanken jederzeit ändern.
> Ich beschließe, mehr Positives zu denken.
> Ich habe die Absicht, in allem etwas Positives zu entdecken.
> Unliebsame Erlebnisse regen mich zu neuen Wünschen an.
> Ich weiß den Wert dieser Erfahrung zu schätzen.
> Mir wird dadurch bewusster, was ich wirklich will.
> Ich kann diese Erfahrung nutzen, um mich bewusster auf meine Wünsche und Bedürfnisse auszurichten.
> Ich habe die Absicht, mich mehr um mein eigenes Wohlbefinden zu kümmern.

Auf diese Weise verändern Sie Ihre Beziehung zu sich selbst in positiver Weise. Seien Sie zufrieden mit sich selbst und schätzen Sie den Wert Ihrer Erlebnisse und Erfahrungen.

Alles ist gut. Entspannen Sie sich. Ihr Leben läuft perfekt. Auch wenn Sie dies im Moment vielleicht nicht sehen können. Alles ist bestens. Ihnen stehen alle Wege und Möglichkeiten offen. Sie haben die Freiheit, stets aufs Neue zwischen den unendlich vielen Frequenzen Ihre Wahl zu treffen. Nutzen Sie die Macht Ihrer Gedanken und werden Sie kreativ. Benutzen Sie Ihre Vorstellungskraft und erzeugen Sie innere Bilder und Visionen, die Sie in Hochstimmung versetzen.

Halten Sie alles für möglich. Es gibt keine Grenzen, außer jenen, die Sie sich selbst setzen. Denken Sie groß. Sie haben unbegrenzte Ressourcen zur Verfügung. Alles was Sie brauchen steht für Sie parat. Ganz für Sie allein. Fragt sich nur noch: Wollen Sie es nutzen?

*Wenn ich mir einrede, ich kann etwas nicht, dann bin ich
dazu unfähig. Wenn ich aber fest daran glaube, ich würde
es können, dann erlange ich auch die Fähigkeit dazu.*
MAHATMA GANDHI

8 Freiheit und Selbstbestimmung mit Leichtigkeit

Sie haben jetzt zahlreiche Gedankenmuster und Glaubenssätze kennengelernt und wissen nun, wie man diese auf
leichte Weise verändern kann. Doch all diesen Hindernissen
wie Pflichtgefühl, Angst vor Ablehnung, Suche nach Anerkennung, Gewohnheit, Schuldgefühl oder falsche Rücksichtnahme liegt eine tiefere Ursache zugrunde: ein mangel-
haftes Selbstwertgefühl. Es gibt viele Ratgeber, wie man seine Minderwertigkeitsgefühle »bearbeiten« oder wie man
einen gesunden Selbstwert erlangen kann. Ich möchte Ihnen
an dieser Stelle eine Hilfe aus »größerer Sicht« bieten.

Besinnen Sie sich kurz noch einmal auf die anfangs erwähnten Spielregeln. Hervorheben möchte ich hierbei
folgende Punkte:
› Alles ist Energie
› Energie kann nicht vernichtet oder neu geschaffen
werden.
› Energie wechselt lediglich die Form.

Alles, was ist, hat Energie als Grundlage. Jedes Ding in diesem Universum ist reine Energie, welche eine Form angenommen hat. Es gibt nichts anderes als Energie, aber es gibt unzählige Frequenzen, welche der Energie eine Form geben können.

Da nun wirklich alles Energie ist, bestehen auch Sie aus Energie. Ihr Körper ist Energie, die eine Form angenommen hat. Diese Form ist veränderbar und zwar durch die Frequenzen Ihrer Gedanken. Oder anders ausgedrückt: Sie können die Form Ihres Körpers mittels Ihrer Gedankenfrequenzen verändern.

Wenn Sie sehr viele negative Gedanken haben, dann fühlen Sie sich schlecht, matt oder gar krank. Dementsprechend sieht Ihr Körper aus: kraftlos, blass, kränklich. Wenn Sie jedoch positive Gedanken haben, dann fühlen Sie sich gut, voller Energie und Kraft. An Ihrem Körper zeigt sich dies durch ein strahlendes, gesundes, kraftvolles Aussehen. Daraus ergibt sich eindeutig: Sie haben die Macht, das äußere Erscheinungsbild Ihres Körpers zu beeinflussen! Ja, Sie haben richtig gelesen: Die Gesundheit Ihres Körpers liegt einzig und allein in Ihrer Hand!

Mit der Kraft der Gedanken bestimmen wir nicht nur über Gesundheit und Krankheit, sondern unsere Gedanken sind unser Schicksal. Das ist eine Gesetzmäßigkeit, der sich keiner entziehen kann; aber gleichzeitig eine wunderbare Chance.
WILLIAM JAMES

Stimmen Sie sich gesund

Gesundheit und Krankheit sind jederzeit wandelbare Zustände. Aus größerer Sicht sind sie nichts weiter als Signale. Ihr körperliches Erscheinungsbild ist das sichtbare Gegenstück zu Ihren Gedanken.

Wenn Sie den ganzen Tag über hauptsächlich negativ denken, ist Ihre Stimmung dementsprechend schlecht, und Sie fühlen sich unwohl. Führen Sie dies Tag für Tag, Woche für Woche, Monat für Monat so weiter, wird dieses Unwohlsein immer deutlicher spürbar und sichtbar: Ihr Immunsystem ist geschwächt, und Sie werden krank.

Wenn Sie jedoch ebenso dauerhaft positive Gedanken haben, dann ist Ihre gesamte körperliche Verfassung ein dementsprechendes Ebenbild: Sie sind kerngesund, und Ihr Immunsystem ist aktiv. Nichts kann Ihnen etwas anhaben.

Auch in diesem Zusammenhang geben also Ihre Gedanken den entscheidenden Ausschlag. Nun stellt sich sicherlich niemand hin und sagt »Ich will krank sein«. Für jede Art von Krankheit ist ausschließlich das oben beschriebene Denken verantwortlich.

Die Summe Ihrer Gedanken bestimmt Ihre Frequenz. Erinnern Sie sich? Sie benötigen lediglich 51 Prozent positive Gedanken, um positive Erlebnisse (einschließlich Gesundheit) zu haben. Daher ist es so wichtig, dass Sie konsequent auf eine positive Ausrichtung achten.

Die Mehrzahl glaubt bisher immer noch, dass man sich mit Krankheiten anstecken kann. Solange Sie denken: »Das ist ansteckend«, wird dies natürlich in Ihrem Leben so sein. Doch dies trifft dann nur für Sie zu – nicht für jene, die anders denken. Beispielsweise gibt es jene, die das Gedankenmuster haben: »Ich bekomme jeden Winter eine Grippe.« Nun, was wird das Gesetz der Anziehung hierauf wohl antworten? Und was bekämen Sie als Antwort geliefert, wenn Sie Ihre Gedanken ausschließlich auf Wohlbefinden und Gesundheit ausrichten würden?

So sind es also nicht die Viren oder Bakterien, die »ansteckend« sind; dies sind einfach Krankheitserreger, die uns angreifbar oder eben nicht vorfinden. Es sind Gedanken, mit denen wir uns anstecken lassen. Wir übernehmen veraltete, unpassende Denkweisen unkontrolliert in unser Leben. Wir missachten unsere daraufhin entstehenden negativen Gefühle, welche uns deutlich signalisieren wollen: Vorsicht! Fremdkörper! Und was macht man normalerweise mit Fremdkörpern? Man entfernt sie! Fremdkörper sind etwas Fremdes – etwas, das nicht zu uns gehört oder zu uns passt. Die gesamte Macht über Ihr Leben liegt allein in Ihrer Hand. Wie fühlt sich dieser Gedanke für Sie an?

Diese Erkenntnis erfordert den Mut, Ihre Selbstverantwortung aktiv in die Hand zu nehmen. Niemand anderes kann jemals für Sie verantwortlich sein außer Ihnen selbst. Sie können die Verantwortung für Ihr Leben niemals abgeben, denn es sind ausschließlich Ihre Gedanken, aus denen sich Ihr Leben gestaltet.

Sie können diese Verantwortung natürlich anzweifeln, ablehnen oder ignorieren. Doch Ihre Gedanken sind weiterhin aktiv und die Grundlage für alles, was Sie erleben. Daran wird sich niemals etwas ändern.

Brechen Sie aus Ihren eingefahrenen Gewohnheiten aus

und achten Sie bewusster auf Ihre Gefühle. Wie fühlt es sich für Sie an, wenn Sie ständig auf der Suche nach einem Schuldigen sind? Wie gefällt es Ihnen, ständig auf die vielen unliebsamen Ereignisse reagieren zu müssen? Möchten Sie lieber selbst über Ihr Leben bestimmen können, statt von Personen oder Umständen abhängig zu sein?

> *Wir sind, was wir denken.*
> *Alles, was wir sind, entsteht aus unseren Gedanken.*
> *Mit unseren Gedanken formen wir die Welt.*
> SIDDHARTHA GAUTAMA

Wenn es an Selbstwert fehlt

Der häufigste Grund für das Ja sagen ist ein mangelnder Selbstwert. Sehr viele Menschen haben heutzutage ein ausgeprägtes Minderwertigkeitsgefühl. Sie fühlen sich wertlos, machtlos, hilflos ausgeliefert und anderen unterlegen. Sie lassen sich leicht unter Druck setzen und sind der Ansicht, dass sich ihr Wert anhand ihrer Leistungen bemisst. Gedanken wie: »Je mehr ich helfe, umso wertvoller bin ich«, oder: »Ich bin wichtig, weil ich gebraucht werde«, verursachen ein häufiges Ja sagen. Sie meinen, durch dieses Verhalten die gewünschte Bestätigung und Anerkennung zu erlangen.

> Denken Sie auch, dass Sie Ihren Wert erarbeiten müssen?
> Fühlen Sie sich nur wertvoll, wenn Sie etwas leisten können?

Es wäre nicht verwunderlich, wenn Sie so denken. Die Vorgaben der Gesellschaft und die Verbreitung dieser Klischees durch die Medien tragen einen großen Teil hierzu bei. Wie wäre es, aus diesem Denkschema auszusteigen? Wie wäre es, einfach etwas anderes zu denken? Die Gedanken sind frei! Also, was wollen Sie stattdessen denken? Welcher Gedanke lässt Sie besser fühlen?

Ist Ihnen bewusst, dass Sie jeden Tag wahre Wunder vollbringen und Großartiges leisten? All Ihre täglichen Gedanken sind ein riesiges kreatives Feuerwerk. Jede neue Idee, und sei sie noch so winzig, bereichert die Vielfalt der Möglichkeiten.

Und jedes Mal, wenn Sie Ihre Phantasie spielen lassen und sich auf Ihre Wünsche ausrichten, bringen Sie viel Positives in Bewegung. Dies ist von unschätzbarem Wert, denn Ihre Freude inspiriert und motiviert alle um Sie herum. Ihre innere positive Einstellung strahlt unweigerlich nach außen und lässt andere daran teilhaben.

Hören Sie also nicht darauf, was andere über Sie denken. Besinnen Sie sich immer wieder darauf, dass ausschließlich Ihre Gedanken die Ursache sind für alles, was Sie erleben. IHRE Gedanken sind es, mit denen Sie Ihr Leben gestalten. Sie allein sind der Erschaffer Ihrer eigenen Realität. Das heißt: Sie haben die freie Wahl, was Sie erleben möchten. Sie können sich absolut frei entscheiden – für jedes nur denkbare Erlebnis.

Ihr Körper ist Ihr wunderbares Werkzeug, mit dem Sie die vielfältigsten Erfahrungen machen können. Sie haben diesen Körper, um Neues zu erleben – und dies mit allen Sinnen zu genießen.

Ihr Denken ist die Werkstatt hierzu. Sie sind nicht hier auf dieser Welt, um lediglich aus den derzeit vorhandenen Möglichkeiten eine Wahl zu treffen. Sie sind hier, um NEUES zu kreieren – und zwar mit Ihren Gedanken.

Gedanken sind die Grundlage, um der Energie eine Form zu geben. Das heißt konkret für Sie: Alles, was Sie erleben möchten, muss zuerst von Ihnen gedacht werden. Sie müssen zuerst den Gedanken haben, der dann die entsprechende Form annehmen kann.

Aus diesem Grund ist es so wichtig, dass Sie ganz klar Ihre Ziele bestimmen. Notieren Sie auf Ihrer Liste alles, was Sie sein, tun oder haben möchten. Alles ist möglich – solange Sie es für möglich halten. Es gibt keine Grenzen, außer denen, die Sie sich selbst setzen! Ihnen steht ein unendlicher Strom mit ebenso unendlichen Möglichkeiten zur Verfügung. Sie dürfen alles haben, tun und sein, was Sie wollen.

Uns allen (jedem von uns!) steht dieser unendliche Strom von Energie zur freien Verwendung. Es gibt kein Limit, kein Ende – nur Unendlichkeit. So können Sie also beherzt zugreifen, denn Sie können niemandem etwas wegnehmen. Manche meinen, dass die uns zur Verfügung stehenden Mittel einem Kuchen gleichen, von dem jeder seinen Anteil bekommt. Falls jemand ein größeres Stück nimmt, so bliebe dann für einen anderen nur noch ein kleineres Stück übrig. Aber so ist es nicht! Sie haben die Unendlichkeit zur Verfügung!

> Was möchten Sie damit anfangen?

> Wie fühlt sich all dies für Sie an?
> Sind diese Erkenntnisse befreiend für Sie?
> Kann das Leben wirklich so einfach sein? Einfach nur positive Gedanken haben und sich wohl fühlen? Das soll alles sein?

Nun, ehrlich gesagt, das liegt an Ihnen. Wenn Sie diesem Gedanken zustimmen, dann wird es für Sie so erlebbar sein. Wenn Sie dies jedoch ablehnen und weiterhin der Meinung sind, das Leben sei schwer, dann werden Ihre Erlebnisse dementsprechend ausfallen. Das Gesetz der Anziehung sagt zu jedem Ihrer Gedanken: »So sei es!«

Egal, für welche Gedanken Sie sich entscheiden, Sie können nichts falsch machen! Warum? Nun, Ihr jetziges Leben ist sicherlich eine wichtige Erfahrung, doch aus größerer Sicht nur ein winziges Teilstück Ihrer Entwicklung. Dies soll nicht heißen, dass Ihr Leben unwichtig wäre – ganz im Gegenteil! Es ist nur so, dass die obigen Ausführungen zur Unendlichkeit auch ganz speziell für Sie zutreffen.

Die Unendlichkeit der Existenz

Jeder von uns (somit auch Sie!) ist pure Energie, welche nun die Form eines Körpers angenommen hat. Die Physik lehrt uns, dass Energie nicht vernichtet oder neu geschaffen werden kann. Energie wechselt lediglich die Form. Energie ist ewig existent.

Das heißt für Sie: Sie sind Energie; Sie können nicht vernichtet werden; Sie können nicht »sterben«. Sie können lediglich die Form wechseln. Sie sind ewig existent; Ihr

»Leben« ist unendlich. Diese Betrachtung Ihres Daseins kann erheblich zu Ihrer Gelassenheit beitragen.

Sind Sie schon einmal mit dem Flugzeug verreist? Wenn man in 10.000 Meter Höhe aus dem Fenster schaut, dann nimmt man die Landschaft ganz anders wahr. Die Entfernung bringt einen neuen Abstand. So empfindet man plötzlich alles als verschwindend klein, unwichtig oder belanglos. Auch der Alltag und die Sorgen scheinen völlig entrückt zu sein. Man fühlt sich viel freier und erleichtert. Ebenso ist es mit der Sicht der Welt »von oben«. Aus der Perspektive der Unendlichkeit kann man das Leben viel ruhiger und gelassener betrachten und angehen.

Und wenn ich sage: »Ihre Existenz ist ewig und unendlich«, dann bedeutet dies: Es wird immer mehr vor Ihnen liegen, als jemals hinter Ihnen liegen kann. Sie haben sozusagen auf ewig die Ewigkeit vor sich. Sie haben jede Menge Zeit für jede Menge Erfahrungen und Erlebnisse.

> Bringen Sie also mehr Gelassenheit in Ihr Leben.
> Achten Sie mehr auf Ihre Gefühle.
> Denken Sie stets daran, dass Sie mit der Macht Ihrer Gedanken Ihr Leben nach Ihren eigenen Wünschen frei gestalten können.
> Beenden Sie Gedanken wie: »Ich kann daran nichts ändern«.
> Lassen Sie sich nicht einreden, Sie seien »nichts wert« oder »unbedeutend«.

Ihr Wert lässt sich niemals nach äußeren Maßstäben oder durch die Meinung anderer bestimmen. Ihr Wert beruht auf Ihrer inneren Macht – der Macht Ihrer Gedanken! Mit Ihren Gedanken formen Sie die Welt! Wie können Sie sich da noch minderwertig fühlen?

Sie sind ein machtvolles und wertvolles Wesen. Sie haben einzigartige Gedanken und Ideen, durch die Sie Einzigartiges entstehen lassen können. Ihre Wünsche und Gedanken sind wertvoll, denn Sie bereichern dadurch die Palette der Möglichkeiten.

Ihr Fokus auf Ihr Ziel bewirkt, dass Ihre Gedanken eine Form annehmen. Sie haben die Macht, Neues zu erschaffen! Sie tragen zur Entwicklung von allem bei! Sie sind wertvoll. Ihre Gedanken sind wertvoll. Durch Ihre Existenz wird die ganze Welt ein Stück bunter!

Nutzen Sie Ihre Macht – die Macht Ihrer Gedanken! Diese Macht ist übrigens absolut positiv. Sie können damit niemandem Schaden zufügen, denn die Antwort auf Ihre Gedanken kommt immer zu Ihnen zurück, nicht zu anderen. Wie wäre es, wenn Sie jetzt sofort damit anfangen würden?

Lernen Sie Ihre Macht kennen!

Erleben Sie, was Sie mit Ihren Gedanken bewegen können.

Ich möchte Ihnen hierzu als eine Art ersten Versuch Folgendes vorschlagen: Um Ihre Gedanken in eine bestimmte Richtung zu lenken, wählen Sie sich bitte ein konkretes Thema aus. Dies sollte etwas sein, auf das Sie sich mit Leichtigkeit konzentrieren können und das keinerlei negative Erinnerungen in Ihnen weckt.

Wie wäre es mit Schmetterlingen? Stellen Sie sich die verschiedenen Farben und Größen vor, die Leichtigkeit, vielleicht auch ein Gefühl von Sommer und Wärme, eine Wiese und Blumen. Gestalten Sie Ihre inneren Bilder so intensiv wie möglich. Fühlen Sie sich hinein, so als wäre dies Erlebnis real. Mehr ist nicht zu tun. Und dann lassen Sie sich überraschen, in wie vielfältiger Weise Sie im Laufe des Tages auf Schmetterlinge stoßen. Sie werden sie plötzlich überall sehen: in der Natur, im Fernsehen, auf Bildern.

Ein kleines Beispiel mit großer Wirkung. Allein durch Ihre Gedanken haben Sie die Schmetterlinge in Ihr Leben gezogen. Die Macht Ihrer Gedanken hat dies bewirkt. Erkennen Sie nun, wie großartig Sie sind? Sie sind der Meister Ihres Lebens – und Ihr Leben ist Ihr Meisterwerk!

Sie haben die Macht, alles nach Ihren Wünschen zu gestalten – völlig unabhängig davon, wie Ihr Leben gerade aussieht. Nichts ist unmöglich, denn nichts ist so, wie es scheint!

Unser Leben ist das Produkt unserer Gedanken.
MARCUS AURELIUS

Ein neuer Blick auf die Realität

Viele meinen, dass jene Geschehnisse, die sie derzeit wahrnehmen, ihre absolute und einzige Wirklichkeit sind. Doch diese Sicht entspricht nur ihrem derzeitigen Fokus. Sie betrachten das, was ist – nicht das, was sie gern hätten.

Sie stecken in ihrer unerfreulichen »Ist-Situation« und halten diese für unveränderlich. In Anbetracht dessen scheinen Ihre Wünsche und Ziele nicht erreichbar, nicht machbar oder nicht umsetzbar. Mit dieser Sichtweise finden sie natürlich keinen annehmbaren Ausweg. So verkünden sie: »Ich muss halt realistisch sein!« Damit meinen sie jedoch, dass sie sich mehr oder weniger mit den derzeitigen Geschehnissen und Umständen arrangieren müssen.

Ich möchte Sie anregen, stets realistisch zu sein – jedoch auf ganz andere Weise. Neben der »greifbaren« Realität gibt es nämlich noch eine »energetische« Realität. Dies lässt sich folgendermaßen erklären: Jedes unliebsame Ereignis weckt in Ihnen den Wunsch nach etwas Besserem.

Zum Beispiel erhalten Sie eine Rüge von Ihrem Chef, sind ärgerlich und unzufrieden. Daraufhin wünschen Sie sich mehr Anerkennung, Respekt und Harmonie.

Jeder Gedanke, den Sie denken, wird sofort vom Gesetz der Anziehung mit »So sei es!« beantwortet. Jeder Wunsch ist also sofort erfüllt und steht Ihnen als Frequenz (also in energetischer Form) zur Verfügung. Dies entspricht Ihrer

»energetischen« Realität. Diese beiden Realitäten unterscheiden sich lediglich in der Frequenz. Die Rüge in Ihrer »greifbaren« Realität fühlt sich schlecht an, also ist es eine negative Frequenz. Ihr Wunsch nach Anerkennung stellt die Frequenz Ihrer »energetischen« Realität dar. Diese fühlt sich gut an und ist somit deutlich positiv. Die Rüge ist demnach Ihre derzeit »greifbare« Realität, und Ihre Änderungswünsche sind Ihre »energetische« Realität. Welche Realität gefällt Ihnen besser? Sie haben die freie Wahl!

Wie können Sie nun die »energetische« Realität zur »greifbaren« wandeln? Durch die Anwendung der Grundlagen! Erinnern Sie sich: Die Energie folgt der Aufmerksamkeit. Sie müssen sich lediglich entscheiden, auf welchen Gedanken (Rüge oder Anerkennung) Sie nun Ihren Fokus setzen wollen.

Wenn Sie Ihre Aufmerksamkeit weiterhin auf die Rüge richten, wird die »greifbare« Realität weiter bestehen bleiben. Richten Sie Ihre Gedanken jedoch konsequent auf Ihre Wünsche, dann muss die »energetische« Realität sich zur neuen »greifbaren« Realität wandeln. Es ist wirklich ganz einfach: Sie brauchen sich nur mittels Ihrer Gedanken auf Empfang für die gewünschte Frequenz einzustellen, um all die wunderbaren Dinge erleben zu können, die Sie sich gewünscht haben. Es ist ausschließlich Ihre gedankliche Ausrichtung, die Ihre Wahrnehmung und somit Ihre Realität bestimmt.

Wie verhalten Sie sich nun also bei der Rüge Ihres Chefs? Versuchen Sie, die Situation so schnell wie möglich zu beenden. Nehmen Sie seine Meinung zur Kenntnis und steigen Sie nicht auf seine negativen Gedanken ein. Halten Sie stattdessen nach etwas Ausschau, das Sie ablenkt und andere, bessere Gedanken in Ihnen entstehen lässt. Es lässt sich immer etwas finden.

Bleiben Sie am Steuer Ihrer Gedanken

Ihr Erleben ist stets und ständig in dem Maße veränderbar, wie Ihre Gedanken es sind. Sie müssen sich nie wieder mit irgendetwas arrangieren oder zufrieden geben, was Ihnen eigentlich gar nicht gefällt. Sowie Sie Ihre Gedanken auf Ihre Wünsche und Ziele ausrichten, werden diese in Ihrem Leben zur neuen Realität. Erinnern Sie sich: Energie folgt der Aufmerksamkeit. Sowie Sie Ihre Gedanken in eine erfreulichere Richtung steuern, muss Ihr Erleben, Ihre »greifbare« Realität, sich dieser geänderten Richtung entsprechend anpassen.

Probieren Sie es aus! Sie können hierbei nichts falsch machen. Es gibt kein falsches Wünschen. Es reicht aus, dass Sie Ihren Wunsch einmal formuliert haben. Hierzu sind nicht einmal Worte notwendig. Es reicht schon der Gedanke.

Das Gesetz der Anziehung ist Ihr ergebenster Diener und stets zu Ihren Diensten. Es ist immer aktiv. Es macht niemals Pause. Es beantwortet jeden Ihrer Wünsche mit »So sei es!« und kümmert sich sofort um die Erfüllung. Vielleicht fragen Sie sich nun: »Und wann wird die Erfüllung für mich real und greifbar?« Nun, das hängt ausschließlich von Ihnen ab, oder besser gesagt von Ihren Gedanken. Auf welcher Frequenz befinden Sie sich? Hängen Sie weiterhin in Ihrem Problem fest? Dann sind Sie nicht auf Empfang für die Lösung, denn Ihre negative Frequenz ist hierfür kein passendes Gegenstück.

Erst wenn Sie sich positiven Gedanken zuwenden, kann die Erfüllung Ihres Wunsches für Sie sichtbar werden. Sie können immer nur das erleben, was Sie selbst aussenden. Die Ursache für Ihren Erfolg liegt ausschließlich in Ihnen selbst. Je mehr Freude Sie leben, umso freudvoller wird Ihr Leben. Fragen Sie daher nicht: »Wo bleibt denn nun die Lieferung meines Wunsches?«, sondern: »Bin ich ein passendes Gegenstück hierzu?« Dies lässt sich in kürzester Zeit beantworten, indem Sie sich fragen:

› Wie fühle ich mich gerade?
› Habe ich freundliche Gedanken?
› In welcher Stimmung sind die Personen um mich herum?

Sowie Sie Ihre negative Ausrichtung in eine positivere verändern, wird sich ebenfalls Ihre Wahrnehmung und somit Ihr gesamtes Umfeld entsprechend mit verändern. Von einer Sekunde auf die andere ist Ihre Realität eine völlig andere.

Diese Erkenntnis kann erheblich zu Ihrer Gelassenheit beitragen. Sie brauchen keine Angst mehr zu haben, sich keine Sorgen mehr zu machen oder irgendetwas zu befürchten. Ihre Realität entspricht immer nur Ihrer derzeitigen Wahrnehmung, also Ihren derzeitigen Gedanken. Sie müssen nicht warten, bis andere ihr Verhalten ändern. Sie brauchen lediglich Ihre eigenen Gedanken etwas positiver zu gestalten. So sind Sie völlig frei und unabhängig von Personen, Dingen oder Umständen. Denken Sie daran: SIE allein sind der Meister Ihres Lebens!

Je länger ich lebe, je mehr komme ich zu der Einsicht,
es gibt keine Schuldigen,
sondern nur unglückliche Wesen.
ANATOLE FRANCE

Leben aus größerer Sicht

Die Welt um uns herum und auch wir selbst bestehen aus einem riesigen Bündel der verschiedensten Frequenzen. Dies eröffnet Ihnen ganz neue Ansatzpunkte. Bisher gingen Sie davon aus, in einer Welt der Tatsachen zu leben. Nun wissen Sie jedoch, dass es sich um eine Welt von Frequenzen handelt. Diese Frequenzen sind jederzeit veränderbar und Sie selbst bestimmen deren Art und Veränderung.

Das wichtigste, das Sie in diesem Zusammenhang verstehen müssen, ist: Es gibt keine Ich-will-nicht-Frequenz. Egal, wie massiv Sie Ihr Nein mit Worten formulieren, aus energetischer Sicht ist es ein Ja. Warum? Ihr Fokus auf das Unerwünschte lässt all Ihre Aufmerksamkeit genau dorthin fließen. Und da die Energie stets der Aufmerksamkeit folgt, wird mehr Unerwünschtes als Antwort geliefert. Jede Konzentration auf Ihr Ich-will-nicht bringt noch mehr hiervon. Das Gesetz der Anziehung muss Ihnen immer ein passendes Gegenstück servieren. Es gibt hierzu keine Ausnahme!

So können Sie nur Nein sagen, indem Sie Ihre Aufmerksamkeit auf etwas anderes lenken. Sie können nämlich immer nur das erleben, was sich in Ihrem gedanklichen Fokus befindet. Neinsagen gelingt ausschließlich durch Ihre Konzentration auf all das, was Sie stattdessen wollen.

Setzen Sie dem Leid Positives entgegen

Die Welt um uns herum ist voll mit Informationen, die uns Tag für Tag überfluten. Die Schlagzeilen der Medien berieseln uns konstant mit Meldungen über Verbrechen, Krankheit, Armut, Krisen und Katastrophen. Damit lenken sie unseren Fokus ständig auf jene Dinge, die uns nicht gefallen. Durch die rasante und flächendeckende Verbreitung der negativen Meldungen machen sich immer mehr Menschen Gedanken zu diesen negativen Themen. So wird der Fokus auf all dies Unerwünschte beständig größer und das Gesetz der Anziehung liefert als prompte Antwort hierauf noch mehr Unerwünschtes.

Alles Unliebsame in Ihrem Leben werden Sie niemals durch einen Kampf dagegen los. Kampf gegen Krebs, gegen Leukämie, gegen Aids, gegen Gewalt – wo liegt da der Fokus? Was für Bilder sehen Sie bei diesen Sätzen vor sich? Seien Sie lieber für das Gegenteil, für Gesundheit, Harmonie, Wohlbefinden. Dies ist der einzige Weg, um in Ihrem Leben etwas zu verändern. Bringen Sie Ihre Gedanken in eine Richtung, die Sie gut fühlen lässt, und dann werden Sie erfreuliche Erlebnisse haben.

Wie viel Sinn macht es also, sich von Medienschlagzeilen beeinflussen zu lassen?

> Wenn Sie permanent über Verbrechen (Überfall, Diebstahl usw.) nachdenken, brauchen Sie sich nicht zu wundern, wenn Ihnen das Gesetz der Anziehung ein passendes Gegenstück zu diesen Gedanken liefert.

> Wenn Sie ständig besorgt sind über gefährliche, ansteckende oder unheilbare Krankheiten, dann liegt genau hier Ihr Fokus. Wenn Sie jedoch Gesundheit erleben wollen, dann benötigen Sie auch entsprechend gesunde Gedanken wie etwa Freude, Wohlbefinden und Zufriedenheit.

> Wenn Sie Geldmangel oder Armut anderer als Anlass für sorgenvolle Gedanken nehmen, dann fließt Ihre Aufmerksamkeit in diese Richtung und produziert in Ihrem Leben das hierzu passende Erlebnis. Gewinn oder Verlust sind weder Zufall noch Glück, sondern lediglich das Ergebnis Ihrer Gedanken. Erinnern Sie sich an die Unendlichkeit und freuen Sie sich über die überall vorhandene Fülle. So werden Sie ein (in allen Bereichen) erfülltes Leben haben.

All diese Empfehlungen sind jedoch nichts wert, wenn Sie es nicht für möglich halten, dass Sie Ihr Leben selbst steuern können. Mit Ihren Gedanken entscheiden Sie, inwieweit Sie diese Erkenntnisse erfolgreich in Ihrem Leben umsetzen können. Denken Sie daran, dass Gedanken wie:

> Das wäre doch zu einfach.
> Das kann ich mir nicht vorstellen.
> Aber die Realität sieht doch ganz anders aus.
beantwortet werden mit: So sei es!

Es gibt jede Menge Gedanken, die Ihnen im Wege stehen können. Es gibt aber auch ebenso viele Gedanken, die Ihnen hilfreich sein können. Für welche Art von Gedanken möchten Sie sich entscheiden? Wenn Sie sich noch nicht sicher sind, ob Sie sich für Freude und Wohlbefinden entscheiden sollen, dann kann Ihnen vielleicht die nachfolgende Zusammenfassung behilflich sein.

Die Vorteile
Neues Erleben
Alles, was um Sie herum geschieht, nehmen Sie nun auf andere Weise wahr. Sie wissen, dass Sie mittels Veränderung Ihrer Gedanken Ihre Realität jederzeit neu gestalten können. Nichts ist so wie es scheint. Sie wissen, dass Sie Ihr Leben nach Ihren Wünschen programmieren können. Sie selbst bestimmen schon im Vorfeld die Art Ihrer Erlebnisse. Anhand Ihrer Gefühle wissen Sie immer, was als nächstes auf Sie zukommen wird.

Neues Selbstbewusstsein
Sie kennen die Macht Ihrer Gedanken und welch immense Fähigkeiten darin für Sie verborgen liegen. Mittels Ihrer Gedanken bestimmen Sie, was Sie erleben möchten. Sie geben den Ton an und das Gesetz der Anziehung gehorcht Ihnen aufs Wort. Sie haben alle Fäden in der Hand und ziehen

diese nach eigenem Belieben. Sie allein sind der Boss in Ihrem Leben!

Neue Freiheit

Sie wissen, dass Sie ganz allein über Ihre Gedanken entscheiden. Sie haben die absolute Freiheit, sich für positive oder für negative Gedanken zu entscheiden. Sie bestimmen, ob Sie alte Gedanken anderer übernehmen oder lieber eigene, neue Gedanken entstehen lassen. Es ist allein Ihre Wahl. In Ihrem Kopf dürfen Sie denken, was immer Sie wollen. All Ihre äußeren Beschränkungen werden verschwinden, wenn Sie Gedanken von Freude und Freiheit haben. Sie haben also die Freiheit, sich für Freiheit zu entscheiden – allein durch Ihre Gedanken.

Neues Selbstbild

Sie wissen nun, wie wichtig und wertvoll Sie sind. Durch Ihr Leben und Ihre Gedanken bereichern Sie die Vielfalt der Möglichkeiten. Niemand denkt wie Sie! Sie sind einmalig! Ihre Gedanken sind einmalig! Ihre Existenz ist ein Gewinn für alle!

Neue Kraft

Ihnen wird immer mehr bewusst, wie machtvoll Sie sind. Jedes positive Erlebnis gibt Ihnen Kraft für weitere und neue positive Gedanken. Die ständig wachsende Freude ist Ihr Antrieb, immer mehr auf Ihren Fokus und auf Ihre Gefühle zu achten.

Neue Ziele

Wünsche zu haben ist etwas Gutes. Sie lassen sich nun von niemandem mehr einreden, dass etwas nicht machbar oder unerreichbar wäre. Sie wissen, dass Sie alles haben, tun oder sein können, was Sie wollen. Es gibt keine Grenzen. Ihre Wünsche und Ziele beflügeln Sie mit Vorfreude, Eifer und Erwartung. So befinden Sie sich in jenen Frequenzen, die Sie gut fühlen lassen. Gleichzeitig sind Sie hierdurch auf jener Empfangsfrequenz, wo Ihre Wünsche greifbar und sichtbar werden.

Neue Lösungen

Probleme sind bei Ihnen nur noch von kurzer Dauer. Sie erkennen in ihnen die Herausforderung, Ihre Ziele genauer zu bestimmen. Die Frage »was will ich stattdessen« bringt Ihren Fokus in positive Gedanken und somit auf Empfang für optimale Lösungen. Sie vertrauen darauf, dass Sie mit der positiven Ausrichtung Ihrer Gedanken stets den besten und leichtesten Weg zu Ihrem Ziel wählen.

Neue Erfolge

Sie erkennen immer öfter die vielen kleinen Beweise in Ihrem Leben, dass das Gesetz der Anziehung wirklich funktioniert. Jeder noch so kleine Erfolg spornt Sie zu neuen Zielen an. Mit jedem Erlebnis wachsen Ihr Vertrauen und Ihre Zuversicht. Sie erkennen, dass die Macht Ihrer Gedanken Sie unbesiegbar macht. Ihre positive Einstellung wird Sie immer zum Erfolg führen.

Neues Verständnis

Jeder bestimmt sein Erleben selbst. Alles Glück und alles Unglück ist stets die eigene Kreation. Manche Menschen tragen großes inneres Leid in sich, und dieser Schmerz äußert sich in aggressiven Handlungen. Sie sind zutiefst unglücklich und verzweifelt auf der Suche nach Liebe. Doch Sie wissen, dass Sie sich keine Sorgen um Verbrechen machen müssen. Wenn Sie Ihre Gedanken in einer positiven Ausrichtung halten, werden Sie niemals ein passendes Gegenstück für solch dramatische Erlebnisse sein.

Die Nachteile

....

....

....

....

....

....

....

....

....

....

Bitte tragen Sie hier selbst etwas ein, denn ich habe selbst nach vielen Jahren der praktischen Umsetzung noch immer keinen Haken an der Sache finden können.

Nachwort

Für Ihr neues Leben benötigen Sie keinerlei aufwendige Methoden oder teure Produkte. Beschließen Sie einfach, ab sofort aufmerksamer zu sein und während des Tages verstärkt auf Ihre Impulse und Gefühle zu achten. Setzen Sie die Absicht, vermehrt nach Positivem Ausschau zu halten und für Ihr Wohlbefinden zu sorgen.

Die nachfolgenden Gedanken können Sie als Inspiration oder Erinnerung nutzen, um Sie immer wieder bei der Umsetzung des »neuen« Denkens zu unterstützen. Oder wählen Sie sich jeden Tag einen Satz hiervon als eine Art Leitmotiv aus. Gehen Sie stets spielerisch und mit Freude ans Werk. Je mehr Spaß Sie dabei haben, umso schneller erreichen Sie Ihre Ziele. Allein Ihre Frequenz ist entscheidend für Ihr Erleben, gemäß der Formel: freudvolle Gedanken = freudvolles Leben.

> Das Maß meines Erfolges entspricht dem Maß der Freude, die ich in meinem Leben zum Ausdruck bringe.
> Die positive Ausrichtung meiner Gedanken bringt mir gute Gefühle, und das Gesetz der Anziehung wird mir daraufhin mehr Gutes liefern.
> Ich sorge für Freude, Spaß und Begeisterung in meinem Leben und halte stets nach positiven Dingen Ausschau.
> Gute Gefühle bringen mich auf Empfang für all meine Wünsche.

> Meine Gedanken bestimmen mein Er-Leben.
> Ich allein erschaffe meine eigene Realität.
> Mein einziger Job ist: Wohlfühlen!

Ich wünsche Ihnen ein wunderbares, freudvolles Leben!

Danksagung

Das Schreiben dieses Buches war ein wahres Vergnügen. Ich möchte mich an dieser Stelle bei allen Helfern im Hintergrund bedanken, die mich so wunderbar unterstützt haben: Anette (Optimismus mit Leib und Seele), Thomas (der perfekte Fragensteller), Armin (keep on rocking!), Verlag und Lektorat (Zusammenarbeit in Perfektion – top!), Abraham/Hicks (eine große Quelle an Inspiration).

AN DIE QUELLE DES GLÜCKS

Nur wenige finden, wonach sie sich sehnen. Dabei verfügen wir alle über die nötigen Kraftquellen, um unser Glück Wirklichkeit werden zu lassen. Die Vernetztheit des Menschen mit dem Kosmos ist wissenschaftlich bewiesen, und der Biophysiker Dieter Broers erläutert erstmals, wie wir die daraus resultierende Energie für uns nutzen können, um unsere individuellen Blockaden zu überwinden und frei für das Glück zu sein.

Mehr über unsere Bücher:
www.scorpio-verlag.de

Dieter Broers

Der Glückscode

*Die kosmischen Quellen für Selbsterkenntnis,
Liebe und Partnerschaft.*

256 Seiten, gebunden, 17,95 € · ISBN: 978-3-942166-01-0

Wie Sie die Liebe des Lebens finden und halten

Warum finde ich nicht den Partner, der zu mir passt? Muss ich mich damit abfinden? Bin ich am Ende gar nicht fähig zu tiefer, echter Liebe?

Vergessen Sie Flirttipps und Beziehungsratgeber. Denn wir haben einen starken Verbündeten, den Kosmos. Er kennt den Partner, von dem wir träumen, und er wird ihn uns zeigen. Doch dafür müssen wir uns öffnen. Folgen Sie Gundula Schatz in die Welt verborgener Energien und Kräfte, die uns zum Glück führen.

Mehr über unsere Bücher:
www.trinity-verlag.com

Gundula Schatz

Himmlische Liebe

Wie der Kosmos Ihren Partner findet

192 Seiten, gebunden, 9,95 €
ISBN: 978-3-941837-07-2